Gebrauchsanweisung
für Portugal

Eckhart Nickel

Gebrauchsanweisung für Portugal

Piper München Zürich

Mehr über unsere Autoren und Bücher:
www.piper.de

ISBN 978-3-492-27520-0
9. Auflage 2015

Karte: cartomedia, Karlsruhe
FSC-Papier: Munken Premium von Arctic Paper Munkedals AB, Schweden
Gesamtherstellung: CPI books GmbH, Leck
Printed in Germany

Inhalt

Vigo
SPANIEN
Miño
Viana do Castelo
Minho
Chaves
Bragança
Braga
Tras os Montes
Póvoa de Varzim
Guimarães
Pinhão
Mirandela
Matosinhos
Porto
Vila Nova de Gaia
Vila Real
Duoro
Torre de Moncorvo
Atlantik
Aveiro
Viseu
Vilar Formoso
Guarda
Kap Mondego
Figueira da Foz
Coimbra
Mondego
Serra da Estrêla
Covilhã
Zêzere
Marinha Grande
Leiria
Nazaré
Batalha
Fátima
Tomar
Castelo Branco
Kap Carvoeiro
Caldas deRainha
Tejo
Tajo
Torres Vedras
Santarém
Portalegre
Cáceres
Sintra
Cascais
Kap Roca
Lissabon
Estoril
Elvas
Estremos
Badajoz
Guadiana
Mérida
Sesimbra
Kap Espichel
Setúbal
Évora
Alentejo
Alcácer do Sal
Mourão
SPANIEN
Grândola
Sines
Beja
Guadiana
Odemira
Mértola
Aljezur
Serra de Monchique
Algarve
Lagos
Portimão
Loulé
Sevilla
Kap São Vicente
Sagres
Albufeira
Huelva
Tavira
Faro
Utrera
Atlantik

Vorwort

Sehen heißt schon gesehen haben.
Fernando Pessoa

Der Blick der Portugiesen geht bisweilen melancholisch hinaus auf den Atlantik. Mit dem Aufbruch über das Wasser nahm ihre große Zeit den Anfang, die Epoche der Entdeckungen und Eroberungen durch den legendären Seefahrer Vasco da Gama. Doch das ist lange vorbei. Noch heute erzählen die zahlreichen Kolonialspuren Portugals eine Geschichte von Glanz und Größe, von Gold und Gewürzen, von der Pracht im Zeichen des christlichen Glaubens. Ob in Diu und Goa in Indien, Macau in China, Moçambique oder

Angola – die verfallenen Spuren der einstigen Weltmacht sind überall aufzuspüren.

Und von dort, von See her, aus Marokko soll er auch wiederkommen, der sagenhafte Dom Sebastião, mit dem Portugal noch einmal imperiale Größe zu erreichen hoffte. Doch er starb in der Hitze einer afrikanischen Schlacht als portugiesischer Don Quijote, um von da an als mythischer Held der Unabhängigkeit verehrt zu werden. Als derjenige, der einst wiederkommen wird, um die Portugiesen aus der vermeintlichen Bedeutungslosigkeit zu erlösen, in die sie nach dem Verlust ihrer Weltmacht versanken. So nimmt es nicht Wunder, daß bis heute die wichtigsten architektonischen Monumente im Angesicht der Meeres errichtet wurden – von der archaischen Steinfestung der Fortaleza de Beliche in Sagres bis zum modernistischen Tempel, den der portugiesische Stararchitekt Alvaro Siza Vieira 1963 nördlich von Porto errichtet hat: die Casa de Cha da Boa Nova, eine in die Klippen gehauene Hymne aus Glas, Beton und rotem afrikanischem Afizelia-Holz, von der aus man nachts in mit Scheinwerfern angestrahlte atlantische Brecher starrt und bei einem Dão, vielleicht dem legendären Porta dos Cavaleiros Colheita Riserva 1966, die Wiederkehr Dom Sebastiãos herbeimeditieren kann.

Dieses Phänomen der Rückwärtsgewandtheit, die Sehnsucht nach einer besseren Zeit, nennt man frei nach ihrem Helden *sebastianismo*. Und etwas davon spielt auch heute in alle unglücklichen Schicksalsschläge hinein, ob es die Fußballmannschaft ist, die das Finale der Europameisterschaft wieder nicht erreicht hat, oder einfach nur ein Mittagsrestaurant in Lissabon, das in der Qualität nachgelassen hat. Diese sprichwörtliche Traurigkeit, in die sich Sehnsucht mischt, die unübersetzbare *saudade*, ist es, die das Nationalbewußtsein der Portugiesen prägt.

Eine Nation, deren Randexistenz im äußersten Südwesten Europas wie kein zweites Land in Europa eine träumerische Qualität besitzt. Der portugiesische Großautor der Moderne, Fernando Pessoa, schuf sich mehrere Heteronyme, um die ganze Bandbreite der Dichtung ausloten zu können. Sein berühmtestes Werk, das »Buch der Unruhe«, besteht ausschließlich aus Aufzeichnungen eines Hilfsbuchhalters mit autobiographischen Zügen, der mitten in Lissabon sitzt und doch die ganze Welt im Kopf spazierenführt. So wird er zu einem Vasco da Gama der Phantasie, und Lissabon ist plötzlich noch einmal Nabel der Welt, der Mittelpunkt des Schicksals der Menschheit. Nur daß die großen Entdeckungsreisen allein im Terrain der Imagination unternommen werden.

Das letzte Jahrhundert stand in Portugal ganz im Zeichen der Militärdiktatur durch den faschistischen General Salazar, die erst 1974 kraft der friedfertigen Nelkenrevolution gestürzt werden sollte. Sie wurde 1976 durch eine demokratisch gewählte Regierung ersetzt. Seit den achtziger Jahren hat Portugal dann in Europa stark aufgeholt. Das Land wuchs wirtschaftlich, trat 1986 der EG bei, und die Weltausstellung in Lissabon führte zu einem wahren Modernisierungswahn. Nachdem Lissabon 1994 Kulturhauptstadt wurde, wähnte man sich bereits in Europas Olymp, aber die Finanzkrise der Nuller Jahre setzte auch Portugal enorm zu. Direkt nach dem Heimatland des Olymps, Griechenland, ging auch Irland und Portugal fast gleichzeitig das Geld aus. Ausgerechnet ein geschäftsführender Ministerpräsident namens »Sócrates« mußte 2011 bei der EU um die Aufnahme seines hochverschuldeten Landes unter den sogenannten internationalen »Rettungsschirm« bitten. Die Tageszeitung *Diário de Noticias* kommentierte neulich beißend, daß die besten jungen Finanzkräfte Portugals inzwischen ihr Glück in der ehemaligen Kolonie Angola suchen, wo ein enormes Wirtschaftswachstum das Land aufblühen läßt. Aber für Müßiggänger gibt es immer noch, auch gerade wegen des verlangsamten Börsentempos vor Ort, auf dem Kontinent keine spannendere und lebendigere Stadt als

Lissabon. Bereits im 19. Jahrhundert schwärmte Charles Baudelaire von der legendären Stadt aus Stein. Und wer durch die elegante Baixa mit dem hellen Pflastersteinboden flaniert, wird nichts Gegenteiliges behaupten können.

Warum also eine Gebrauchsanweisung für Portugal? Weil es kein Land gibt, das zugleich so wundervoll und unverständlich ist wie Portugal. Die direkte Lage am Atlantik bedingt eine vergleichsweise üppige Vegetation, die einen in den Bergen fast an die Schweiz denken läßt. Aber wer in Portugal etwas auf sich hält, fährt nach Italien in Urlaub, weil das als schick gilt. Das Nationalgericht ist getrockneter Stockfisch. Aber es gibt genauso viele Sorten der Zubereitung wie Tage im Jahr, eine interessanter als die andere. Es gab einen Nobelpreisträger für Literatur, José Saramago, der aber zeitlebens Angebote zur Verfilmung seiner Werke durch Fellini und Spielberg großzügig abgelehnt hat und nach dessen Tod im Jahre 2010 das Land zwei Tage Staatstrauer ausgerufen hat. Sein Begräbnis wurde zur Wallfahrt, über 20 000 Portugiesen kamen aus dem ganzen Land angereist, um traurig und stolz von ihrem Lieblingsdichter Abschied zu nehmen.

Was ist das für ein Märchenland, in dem es eine Gegend gibt, die ungelogen »Hinter den Bergen« heißt? In dem ein deutscher Schuhfabrikant den

Arbeitern das Zigfache der Löhne versprach, wenn sie nur ihre Produktion erhöhen würden. Diese aber lehnten dankend ab, mit Verweis auf die Verringerung der Lebensqualität durch Mehrarbeit. Wo es ein Sprichwort gibt, das scheinbar die gesamte Geographie des Landes in ein paar Zeilen entschlüsselt: Braga betet, Porto arbeitet, Coimbra singt, und Lissabon feiert. Portugal ist, einfach ausgedrückt, anders. Ein stilles, elegantes Volk, das dennoch gegen religiösen Eifer nicht gefeit ist. So wurde erst zu Beginn des 21. Jahrhunderts die letzte Botschaft, das dritte Geheimnis von Fátima, dem legendären Wallfahrtsort, vom Vatikan entschlüsselt: Der weiß gekleidete Bischof, der zu Boden sinkt, sei niemand anderes als Papst Johannes Paul II. selbst gewesen, auf den am Jahrestag der Fátima-Erscheinung ein Attentat verübt wurde.

Kurzum, wer wissen will, warum Lord Byron in Sintra bei Lissabon den idealen romantischen Garten fand, warum die modernen Portugiesen den schlichtesten Neubau jeder Altbauwohnung in einem Prunkpalast des 19. Jahrhunderts vorziehen oder welche Wirkung in Coimbra der Fado hat, diese traurige Volksmusik, die von Männern angestimmt wird, braucht dringend eine Gebrauchsanweisung. Und er verläßt dieses moderne Landeskundeseminar in Form eines Buchs mit Auszeichnung.

Aufbrechen

Mein Herz spürt die Erleichterung eines Märchens mit wirklichen Feen und beginnt die Sicherheit zu kennen, sich nicht mehr zu fühlen.

Fernando Pessoa

Der Besuch eines Märchenlandes ist für den normalen Menschen mit einigen Hindernissen verbunden. Die aufkommenden Fragen lauten wie folgt: Wo liegt das Land? Wie komme ich dorthin? Und, nicht zuletzt, was erwartet mich dort? Im Fall des modernen Märchenlandes Portugal lassen sich die Fragen eins und zwei leicht beantworten. Im äußersten Südwesten Europas liegend, kann man es von Spanien aus eigentlich kaum verfehlen.

Und auch die direkten Flugverbindungen, die Lufthansa und TAP Air Portugal anbieten, lassen uns das Land in weniger als drei Stunden fliegend erreichen. Indes: großwüchsige Teutonen mögen mit den etwas eng wirkenden Sitzreihen der für die schmalen und eleganten Portugiesen gestalteten TAP ihre Probleme haben. Schwieriger wird es erst bei Frage drei. Wer die handelsüblichen Reiseführer erwirbt, kann sich zwar lesend ein erstes Bild von den dort zu erwartenden Menschen, Landschaften und Speisen machen, scheitert aber an einer wesentlichen und unausweichlichen Crux des Märchenlandes: Es ist immer anders, als man denkt.

Daher ist Vorsicht angeraten. Denn was macht ein Märchenland noch? Es gibt Rätsel auf. Und was Portugal anbelangt, hat es im wesentlichen mit dem Wasser zu tun. Sei es der Atlantische Ozean, über den die großen Entdeckungsfahrten der portugiesischen Seefahrer ihren Anfang nahmen. Sei es der Regen, der den iberischen Küstenstreifen so fruchtbar und grün im Gegensatz zu seinem großen trockenen Nachbarstaat Spanien hält. Oder die sagenhaften Heilquellen des Landes, zu denen sparsame Einwohner Hunderte von Kilometern fahren, um das geweihte Naß in unzähligen Plastikkanistern auf den Rücksitzen ihrer Autos nach Hause zu transportieren, um so von den legendenumwobenen Kräften des Getränks profitieren zu können.

Prinzipiell müßte man also nach Art des Märchens das Land auf dem Wasserweg erreichen. Aber der weniger beschwerliche Luftweg, so man die portugiesische Nationalfluglinie TAP wählt, zeigt ebenfalls, wie tief die Wurzeln des Landes noch immer in der Geschichte liegen, und vor allem in der Geschichte seiner Entdeckungen auf den Weltmeeren. Wählte man nämlich bis vor kurzem die teure Buchungsklasse, fand man sich unversehens in der »Navigator Class« wieder und war augenblicklich Teil eines Lebensprogramms, das sich aus der historischen Vergangenheit speist. Leider glaubt man wohl auch in der Marketingabteilung der TAP an die Macht der Globalisierung und es heißt nun, langweilig wie überall, »Business Class«. Alles, was davon übrig blieb, ist ein Vielfliegerblog namens navigatorclass. So zeitigt der große Navigator und Weltsüchtige wenigstens als Schwundstufe noch Folgen: Heinrich der Seefahrer nahm bereits an der ersten aller maritimen Eroberungen teil, in das 1415 anvisierte Ceuta, direkt gegenüber von Gibraltar an der nordafrikanischen Küste. Heinrich, selbst Sohn des Königs Johann I., markiert verbrieftermaßen den Beginn jenes Reise- und Eroberungswahns im Zeichen des Glaubens.

Seine Vorleistungen waren es, die später Vasco da Gama zum Nationalhelden machten, von dessen Ruhm das große Epos »Os Lusíadas« von Luís Vaz de Camões erzählt. Was den Griechen Homers Odyssee, den Römern die Aeneis des Vergil, das sind für die Portugiesen die Lusiaden. Camões, der fast exakt im Todesjahr Vasco da Gamas geboren wurde, wäre als Augenzeuge der Seereisen, die er später beschreiben sollte, in Asien fast ums Leben gekommen. Nach seiner nicht ganz so weiten Fahrt zog sich Heinrich nämlich zurück, um den Ruhm von Portugal aus zu mehren: Als Ausbilder von Seeleuten und Navigationsforschern errichtete er das Zentrum seines Wirkens am südwestlichsten Ende Europas, auf den steilen Küstenklippen von Sagres, in der Nähe des Cabo de São Vicente. Die führenden Köpfe seiner Zeit, darunter Mathematiker, Astrologen und Kartographen, versammelte er, um dort, das anbrandende Meer vor Augen, vor der Welt den Beweis anzutreten, daß die Erde keine Scheibe ist, indem er sie umsegeln ließ. Noch heute trägt das Kap im Volksmund einen Namen, den es damals vor den Seefahrten innehatte: *o fim do mundo*, das Ende der Welt.

Wie stark diese Traditionen auch im zeitgenössischen Portugal verankert sind, zeigt ein ehrgeiziges Projekt des *Instituto Hidrográfico* in Lissabon. Untergebracht im alten Nonnenstift *Das Trinas*, von wo aus bereits neben anderen Vasco da Gama aufgebrochen war, wird in den alten Räumlichkeiten an einer neuen Eroberung der Welt geforscht. Freilich virtuell, wie es sich heute gehört. Die Meereskarte der Erde für die globale Nutzung, an der die Ozeanographen basteln, soll künftig unter anderem dazu dienen, Schiffe mit Hilfe des Satellitensystems GPS *(Global Positioning System)* rechtzeitig vor Untiefen und Hindernissen zu warnen. Die neuen Vermesser der Weltmeere sehen sich denn auch als Nachfahren des ersten großen Kartographen, Heinrich des Seefahrers. Euphorische Stimmen sprechen schon jetzt von der Wiedergeburt des Entdeckergeistes der Portugiesen in den Untiefen des WorldWideWeb. Vorgestern Seefahrer, übermorgen Internet Explorer. Aber dies ist Zukunftsmusik, und lange waren die Portugiesen vor allem vernarrt in die Vergangenheit. Ein weiteres Merkmal, das sie mit dem Märchen verbindet, das bekanntlich mit den immer gleichen drei magischen Worten beginnt: Es war einmal.

Dieser Satz war lange Zeit wie kein anderer geeignet, die Grundstimmung der Portugiesen zu charakterisieren. Denn die große Zeit des Landes, sie dauerte nicht lange, und seither schaut man im wesentlichen zurück. Die Helden der Märchen sind Abenteurer, sie suchen die Weite, um Prüfungen zu bestehen, die ihnen auferlegt werden. Auch die Eroberung Amerikas durch Christoph Kolumbus verbuchen manche Portugiesen als Leistung ihres Landes, da man dem Seefahrer hochmütig die Unterstützung seiner Reise nach Indien verwehrte und dieser sich, so behaupten sie, daher verirrte. Nach vollendeter Atlantik-Überquerung wähnte er sich bereits am Ziel seiner Wünsche. Indes, es war der falsche Kontinent.

Auch Portugal selbst war dem Reisenden lange Zeit ein solcher unentdeckter Kontinent. Durch das faschistische Salazar-Regime im Europa des 20. Jahrhunderts zusehends isoliert, war es nur den wenigsten mehr als vom Hörensagen bekannt. Für Mittelmeer-Urlaube lag es zu weit ab, klassische Bildungsreisende vermißten dort mangels besseren Wissens einen Hintergrund wie in Griechenland oder Italien. Und der Polittourist fand das Land erst spannend, seit die sozialistische Nelkenrevolution den Militärs eine Nachprüfung in Flower Power auferlegte. Wer seinerzeit dorthin aufbrach, wurde Zeuge, wie ein Land aus dem vielzitierten Dornröschenschlaf erwachte. Das autoritäre Regime hatte eine Art Glasglocke über die Kultur gestülpt, die nach dem Lüften sichtlich aufblühte. Was aber dabei zum Vorschein kam, war ein Land, das nicht nur eine der ältesten Universitäten auf europäischem Boden beherbergte, nämlich die elegante erste Königsresidenz Coimbra. Es wurde vielmehr offenbar, welche Schätze das einstmals reichste Land Europas aus den Zeiten der Herrschaft auf den Weltmeeren noch immer barg. Freilich im Zustand des fortgeschrittenen Verfalls, der von da an zum Inbegriff des Portugiesischen wurde: Melancholie, verstaubte Pracht, vergangene Größe und die tränenreiche Volksmusik des Fado.

Hier kam man her, um zu träumen und einem Europa hinterherzutrauern, wie es sonst nur noch im Kakanien Robert Musils überliefert war. Ein Land als musealer Zustand, zum Auftanken gegen die verhaßte Moderne im übrigen Europa. Nur hier, so war der Gedanke, schien er noch möglich, der Müßiggang als Tagewerk, das in Wien oder Salzburg erlernte Festhalten an der Tasse Kaffee über mehrere Stunden hinweg. Doch auch dieses sagenhafte Portugal, wie man es noch in Wim Wenders' Filmeloge »Lisbon-Story« porträtiert findet, ist nicht mehr überall vorherrschend. Vielmehr fügen sich neue Facetten hinzu und lassen im Portugal des 21. Jahrhunderts noch immer den Ursprung durchschimmern. Schließlich ist die Vergangenheit nicht zuletzt das touristische Kapital eines Landes. Dafür, daß das Portugal der Gegenwart trotz all seiner melancholischen Behäbigkeit nicht den Anschluß an die Zukunft und ihr griffiges Synonym (Europa) verliert, sorgt seit Neuestem, man glaubt es kaum, die Politik. Mit dem konservativen José Manuel Durão Barroso als Kommissionspräsident, der für den Wechsel nach Brüssel im Jahre 2004 sogar seinen Turnus als Premierminister des Landes Portugal nach der Hälfte der offiziellen Amtszeit abbrach, bekam die Europäische Union zum ersten Mal eine Art symbolisch-diplomatisches Oberhaupt. Barrosos mediterrane Eleganz und sein Repräsentationsgeschick ließen auf dem internationalen Parkett so ziemlich jede Figur jenseits von Barack Obama reichlich alt aussehen. Der promovierte Politik- und Rechtswissenschaftler hat die Charmanz eines luziden Bühnenkünstlers und könnte problemlos die Hauptrolle in einer Verfilmung der portugiesischen Buddenbrooks, dem Roman »Os Maias« von José Maria de Eça de Queiroz spielen. Er war in seiner Studentenzeit (Lissabon, Genf, Florenz, New York) revoluzzernder Maoist und ist heute mit einer Literaturprofessorin verheiratet. Mitten im Ausbruch der Euro-Krise wurde er für weitere fünf Jahre im Amt bestätigt und garantiert seitdem dank seiner Herkunft ein tieferes Verständnis an oberster EU-Stelle für besonders hart von Schulden geschüttelte Staaten. Merke: in Portugal haftet selbst anderswo banalen Karrieren etwas ungemein Poetisches an.

Doch zurück zum Märchen: Eine moderne Variante des Wettrennens zwischen dem Igel und dem Hasen konnte man 1993 in Portugals Hauptstadt Lissabon bewundern: Ganz zeitgemäß schickte damals ein Fernsehsender zwei Wettstreiter von einem Vorort aus in Richtung Innenstadt: Esel und Ferrari. Dank des vormittäglichen Verkehrschaos gewann: der Esel. Und selbst der hatte manchmal Schwierigkeiten, sich durch die verstopften Straßen auf sein Ziel zuzubewegen. Aber von den Besonderheiten des portugiesischen Straßenverkehrs wird später noch zu sprechen sein.

Auch der Beginn meiner persönlichen Portugal-Leidenschaft verdankt sich einer märchenhaften Begebenheit: Dem ersten Schluck eines gehaltvollen Süßweins ist es zuzuschreiben, daß ich der Welt abhanden kam. Ich kann mich noch genau an den Moment erinnern: Es war ein etwas trister Dezembernachmittag in der geräumigen Altbauwohnung meines besten Freundes. Der grau dahindämmernde Himmel versprach Schnee in der Nacht. Und weil wir beide mit unseren Klausurvorbereitungen nicht recht vorankamen, wollten wir uns erst einmal etwas Gutes tun. Getreu dem altbewährten Motto »Schonen und Belohnen« legte ich eine Platte mit Glenn Goulds Einspielungen der Englischen Suiten von Bach auf, und mein Freund holte währenddessen die eigentlich für nach dem Lernen vorgesehene, in der Kleinmarkthalle erworbene Pâté au Porto aus dem Kühlschrank, die wir beide zum ersten Mal probieren wollten.

Dazu hatten wir, dem Namen entsprechend, eine Flasche aus dem Weinkeller seiner Eltern entkorkt, eine schlanke Flasche Niepoort-Portwein, auf der stolz »Juniors« stand. Die hielten wir unserem Alter entsprechend für angemessen. Also schoben wir die vorbereiteten Weißbrotstückchen mit Pastete in den Mund und spülten vorsichtig mit dem tiefroten Likörwein nach. Was in diesem Moment in uns vorging, läßt sich schwer beschreiben. Ich bilde mir ein, daß es genau in diesem Moment zu schneien begann. Der Winter draußen vor dem Fenster war dennoch vergessen und auf einmal nicht mehr als die würdige Kulisse für ein ästhetisches Ereignis der besonderen Art. Denn das Land, in dem ein solcher Wein wächst, mußte warm sein, ein Land, in dem Milch und Honig fließen und ewige Milde herrscht. In der Tat entstand der Name Portugal aus zwei gegenüberliegenden Städten an der Flußmündung des Douro, dessen Windungen die Hänge der Portweintrauben zieren: den römischen Siedlungen Portus und Cale, dem heutigen Porto. Das Tor und die Wärme, so könnte man die Namen frei übersetzen. Das paßte ausgezeichnet zur Wirkung des bis heute von dort verschifften Portweins. Er öffnete uns mit seinem Wohlgefühl eine neue Welt. Die

Klausurvorbereitungen waren nach der gemeinsam geleerten Flasche sanft in den Hintergrund getreten, unser Rederausch, gewürzt mit Spekulationen über Portugal, indes hielt an, bis die Mutter meines Freundes nach Hause kam.

Wunderbar beseelt trat ich durch den frischen Schnee meinen Heimweg an. Am nächsten Tag war der Schnee wieder geschmolzen, und die Klausur zum Thema Demokratietheorien fiel trotz ziemlicher Kopfschmerzen gar nicht mal schlecht aus. Lediglich die zwei Punkte Abzug wegen Unleserlichkeit gaben der Sache einen etwas bitteren Nachgeschmack. Portwein wollte eben auch wohldosiert sein. Später lernte ich, daß man Frauen in Portugal vor übermäßigem Genuß warnt, es hieß, er würde unfruchtbar machen. Ein medizinisches Märchen natürlich.

Der Wunsch nach mehr Wissen über die Herkunft des köstlichen Getränks indes war unwiderruflich geweckt. Das Land, in dem es nicht nur eine Gold-, sondern auch eine Silberküste gab, die Costa de Prata und die Costa d'Ouro, ein Gebirge der Sterne, die Serra da Estrela, eine Königsstadt (Vila Real) und noch dazu die Möglichkeit, in den Betten der einstigen Königin preiswert zu übernachten (Quinta de São Bento in Monchique an der Algarve), mußte ein modernes Märchenland sein, das mehr als eine Reise wert war.

Noch am Vorabend meines ersten Abflugs nach Lissabon las ich von einer weiteren Legende: jener der Königin der Tränen. Inês de Castro war im 14. Jahrhundert die Gemahlin des Kronprinzen Peter. Der damalige König Alfons IV., Peters Vater, zeigte sich jedoch mit der Brautwahl seines Sohnes nicht einverstanden. Die einfache Hofdame war nicht standesgemäß und stammte zudem aus dem verfeindeten Kastilien. Also ließ Alfons sie in Abwesenheit seines Sohnes ermorden. Die Tat geschah in einem tropischen Garten bei Coimbra. Peter rächte sich mit bitterem Krieg gegen seinen Vater, aß die herausgerissenen Herzen der Mörder und bestieg selbst den Thron. Die geliebte Prinzessin ließ er exhumieren und setzte sie nach ihrem Tod ins Recht. Es heißt, er habe zwei Thronsessel in der alten Kathedrale aufgestellt und sie einbalsamiert neben sich krönen lassen. Dann hatten die Landesfürsten dem makabren Königspaar die Ehre zu erweisen: Handküsse für eine Tote, deren Tränen, so heißt es weiter, noch heute den Rio Mondego alljährlich über die Ufer treten lassen. Wie gewaltig die Macht ihrer Tränen dort ist, findet man im Inneren des alten Klarissinnenklosters Santa Clara-a-Velha bestätigt: Über fünf Meter hoch liegt der Flußsand im Inneren des Kreuzgangs, wo man daher heute bequem auf den Strebebögen der frühgotischen Kirche Platz nehmen kann.

Dergleichen ging mir durch den Kopf, als ich am nächsten Tag in einer Boeing 737 der TAP (Weltflug-Akronymisten kürzen das etwas harsch mit »Take Another Plane« ab, was nur im Hinblick auf den enorm kurzen Sitzabstand zum national eher kurz gewachsenen Vordermann in der Holzklasse zu bestätigen wäre) über die Biskaya flog. Der Kapitän hatte gerade seine sonore Brummel-Durchsage zu den Turbulenzen zweimal begonnen und brach beim dritten Mal in schallendes Lachen aus. Ausgerechnet die Portugiesen, sonst mit allen Wassern gewaschen, können nämlich größtenteils nicht schwimmen. Die gängige Rezeptur angesehener Ärzte für Kinder mit chronischen Nebenhöhlenproblemen besteht lediglich aus folgendem Rat: »Nächsten-Sommer-ausgiebig-an-den-Strand-gehen«. Wir landen: Bem vindo a Portugal.

Ankommen

> Ich fahre von Tag zu Tag wie von Bahnhof zu Bahnhof im Eisenbahnzug meines Körpers oder meines Schicksals und beuge mich über die Straßen und die Plätze, über die Gebärden und die immer gleichen und immer verschiedenen Gesichter, wie eben Landschaften sind.
>
> *Fernando Pessoa*

Auch wenn es manchmal reizvoll erscheinen mag, seinen Aufenthalt im englisch anmutenden nördlichen Porto zu beginnen, ist davon eher abzuraten. England zeichnet nämlich, so die vorherrschende Meinung der Einwohner, nicht nur für den ausgedehnten Bedarf und Handel von Portwein verantwortlich, sondern auch für die vom Douro aufsteigenden kolossalen Nebelbänke. Das führt häufig besonders in Flughafennähe zu unannehmbaren Bedingungen für die Piloten. Dann bleibt nach längeren Warteschleifen nur noch Ausweichen nach Lissabon mit anschließendem Transfer nach Porto. Und das bedeutet zumeist, die Flugzeit unter erschwerten Konditionen zu verdoppeln: im Bus. Wenn dann noch, wie es leider oft der Fall ist, einer der legendären Unfälle auf der Straße dazwischenkommt, sitzt man im Stau und kann nicht glauben, daß ausgerechnet am Reisetag ein defekter Laster seine gesamte Ladung Mandarinen auf diesem Teilstück der Strecke hinter sich lassen mußte. Aufregung nützt hier gar nichts, und es ergibt sich die Gelegenheit, eine Lektion in portugiesischer Schicksalsergebenheit einzuholen. Wann es weitergeht? Vom Busfahrer nichts weiter als ein stummes Staunen im Gesicht.

Also warum nicht lieber gleich nach Lissabon? Dort erwartet einen ohnedies der beeindruckendere Landeanflug. Nach einigen verwirrenden Flugmanövern durch die prächtigen Atlantikwolken fliegt man Lissabon von See her an. Und man versteht die Worte des Dichters Camões, der die geographische Besonderheit Portugals in seinen »Lusiaden« wie folgt faßte: *Aqui... onde a terra se acaba e o mar começa* - hier, wo das Land aufhört und das Meer beginnt. In der Tat ein phänomenaler Anblick: Kurz vor der Landung erschließt sich plötzlich ein von Rio de Janeiro her vertrautes Bild. Der Christo Rei mit ausgebreiteten Armen thront schützend über einer Brücke, die man instinktiv San Francisco zuordnen würde, der Hängebrücke des 25. April. Dann liegen einem kurz die sieben Hügel der Stadt zu Füßen, bevor man auf dem Flughafen *Portela de Sacavém* aufsetzt. Die Verwirrung, innerhalb kürzester Zeit mit Assoziationen der unterschiedlichsten Länder konfrontiert zu werden, wird sich nicht legen, bietet Portugal doch auf seinen relativ schmalen 190 000 Quadrat- und 832 Küstenkilometern eine erstaunliche Vielfalt an Klimazonen und Landschaftstypen. Sie reicht vom trockenen Kontinentalklima im verbrannten Alentejo bis zur feuchten Tropenvegetation um Sintra, vom wintermilden Golfstromwetter an der Dünen- und Felsküste der Algarve bis zum oft verregneten Gebirge im Nordosten an der Grenze zu Spanien. Böse Zungen behaupten gar, die Natur habe den Portugiesen die Berge geschenkt, damit die Wolken hier abregnen und Spanien in der Dürre schmoren lassen.

Obwohl selbst die natürlichen Grenzen nicht unüberwindbar sind, wie es die vielen Besetzungen des Landes durch die Mauren, die Spanier oder die Franzosen bewiesen haben, ist sofort spürbar, daß Portugal ein Land mit eigenen Gesetzen ist, aus anderem Holz geschnitzt als der Rest Europas. Camões nannte die Einwohner seine »Kinder des Lichts«. Und die kindliche Freude ist es auch, die selbst die Erwachsenen immer wieder ergreift, wenn sie beispielsweise ein ausgewachsenes Kraftfahrzeug wie ein Spielzeugauto behandeln. Fernando Pessoa schreibt einmal in seinem Vademecum der portugiesischen Verfaßtheit, »Livro do Desassossego«, dem »Buch der Unruhe«:

»Gott erschuf mich als Kind und hat mich immer ein Kind bleiben lassen. Warum aber hat er zugelassen, daß mich das Leben geschlagen hat, mir meine Spielzeuge wegnahm und mich in den Pausen allein ließ (...)?«

Kommt man angesichts all der alten Pracht, die man bereits im Landeanflug begutachten kann, auf die Idee, am Ende in einer anderen Zeit angekommen zu sein, so entspricht dies ganz den Tatsachen. Portugal befindet sich in der Greenwich Mean Time (GMT), einer Zeitzone westlich von Mitteleuropa, und stellt zusammen mit England im Frühjahr auf Sommerzeit um.

Vor die Frage gestellt, welches Fortbewegungsmittel man innerhalb des Landes benutzen sollte, ist guter Rat geboten. Individualreisende werden unbedacht zwecks Flexibilität zum Leihwagen tendieren. Man kann sie nur todesmutig nennen. Das Verhalten der Portugiesen im Straßenverkehr steht nämlich in krassem Gegensatz zu ihrem ansonsten friedlichen Habitus. Bisweilen entsteht der Eindruck, daß alle Aggressivität, jedes Minderwertigkeitsgefühl und ein Anflug von Wahnsinn, ausgelöst vom schmerzlich empfundenen Verlust portugiesischer Größe, sich ein Ventil im Autoverkehr suchen und auch finden. Wer nach vergleichbaren Parametern sucht, muß sich das Ganze in etwa so vorstellen: Die Grundstimmung ist italienisch, Rom nach einem verlorenen Weltmeisterschaftsfinale der Azzuri. Dazu kommt, bestens vertraut, die Raserei der Deutschen: mit Tempo 120 durch die verkehrsberuhigte Zone. Und schließlich in den Städten ein Verkehrsaufkommen wie in Paris am *Quatorze Juillet*. Wenn man alle diese Elemente nun nach Kairo oder Bombay versetzen würde, hätte man ungefähr ein Bild davon, welche längst vergessenen Automobiltypen auf den Straßen Portugals noch präsent sind und in welchem denkwürdigen Zustand sie sich befinden.

Kurzum, mit dem Straßenverkehr ist es wie mit dem Leben: Wer darin eintritt, riskiert auch, darin umzukommen. Auf mehr oder weniger gewaltsame Weise. Auch scheint, schenkt man Zeitungsberichten über Unfallursachen Glauben, in Portugal die Regel zu gelten: Wenn jemand nicht mehr gehen kann, dann heißt das noch lange nicht, daß er nicht mehr fahren kann. Das hat seinen Grund: Dient der Alkohol echten Männern doch lediglich dazu, das Tier in sich zu bekämpfen. *»Para matar o bicho.«* Wörtlich sogar, um das Tier zu töten. Damit war, da der Spruch aus dem Mittelalter stammt, ursprünglich die Desinfektion gemeint. Heute soll der Alkohol der Gesundheit dienen. Was völlig außer acht läßt, daß bei verlorenem Kampf der Mann selbst zum Tier wird. Die Vielzahl der Schnäpse kann es übrigens sogar mit der aller Kaffeesorten aufnehmen.

Lassen Sie also alle Hoffnung fahren, wenn Sie das portugiesische Purgatorio des Straßenverkehrs betreten. Und sagen *Sie* nicht, ich hätte Sie nicht gewarnt. Portugal hat die höchste Todesrate bei Autounfällen in ganz Europa, und wer einmal im Vorüberfahren einige Autos in teilweise bizarren Anblicken am Straßenrand (auf dem Dach, senkrecht am Brückenpfeiler lehnend, ausgebrannt auf dem Seitenstreifen etc.) liegen gesehen hat, versteht, warum es so wichtig ist, beim Fahren prinzipiell auf alles gefaßt zu sein: Rechtsüberholer, Einscheren ohne Blinken, utopische Geschwindigkeiten, die sich allem Anschein nach der Meßbarkeit entziehen, hysterisches Hupen ohne ersichtlichen Grund. Sonst sichere Fahrer sind hier vor nichts sicher.

Angesichts all dessen fällt es bisweilen schwer, daran zu glauben, daß es selbst in Portugal bestimmte Regeln und Gesetze im Straßenverkehr gibt. Auch wenn sich die wenigsten daran halten, liegt die erlaubte Höchstgeschwindigkeit in Ortschaften bei 60, auf Landstraßen bei 90 und auf der Autobahn bei 120 Stundenkilometern, sofern es nicht anders angegeben wird. Seltsam sind die großen Schilder mit einer 90 darauf, die auf einigen Heckscheiben kleben. Sie besagen nichts anderes, als daß der Autofahrer seinen Führerschein erst seit weniger als einem Jahr besitzt. Hier ist nicht nur verschärfte Vorsicht angeraten, es herrscht auch das Prinzip Hemmschuh. Denn das Schild besagt weiterhin, daß er selbst auf Autobahnen nicht schneller als mit 90 Sachen unterwegs sein dürfte. Ebenso gilt fast immer rechts vor links. Vorsicht also überall vor Rechtseinbiegern. Wer übrigens mit dem Gesetz in Konflikt kommt, sollte genügend Kleingeld mit sich führen, will er nicht die Bekanntschaft der nächsten Polizeiwache machen. Raser werden in bar von den Gentlemen in Uniform zur Kasse gebeten.

Nichtsdestotrotz kann jeder Unerschrockene, der das 23. Lebensjahr überschritten hat und im Besitz einer Kreditkarte ist, sich einen Wagen leihen. Man mag sich dann wundern, warum die meisten Mietwagen bereits ohne Radkappen an den Reifen ausgehändigt werden. Verstehen kann es erst, wer zur Anreise einmal das eigene Auto aus Deutschland mitnimmt. Die Halbwertzeit Ihrer frisch gekauften Chrom- oder Alublenden wird, so die Franzosen und die Spanier sich nicht schon bedient haben, binnen kürzester Zeit abgelaufen sein, und Sie fahren schwarz, wie die Mietwagen auch.

Ein weiteres Hindernis könnte die Parkplatzsituation darstellen. Die vorhandenen Parkhäuser sind rar gesät, und wer beispielsweise in Lissabon einen öffentlichen Parkplatz findet, findet mit ihm auch seinen persönlichen Einweiser. Der ist zumeist arbeitslos und ohne festen Wohnsitz oder drogenabhängig. Das klingt schlimmer, als es ist. Fast immer handelt es sich um prinzipiell freundliche Menschen, die sich mit dem Einwinken in bisweilen abenteuerlich anmutende Parkplätze ihr Leben finanzieren. Ein kritischer Blick auf die Schildersituation im näheren Umfeld kann nie schaden, denn die hektisch gestikulierenden Einweiser nehmen es, was die Parkerlaubnis anbelangt, mit dem Gesetz nicht ganz so genau. Eine Münze ab ein Euro garantiert dann zumindest, daß er persönlich Ihren Wagen nicht aufbrechen wird. Wer die gängigen Regeln befolgt, also nichts Wertvolles im Auto liegen läßt und den Kofferraum leerräumt, bleibt in der Regel unbehelligt.

Dank verhältnismäßig günstiger Benzinpreise ist es nicht teuer, sich in Portugal mit dem Auto zu bewegen. Es sei denn, man benutzt die staatlichen Autobahnen, die mit Mautstellen, sogenannten *portagens*, ausgerüstet sind. Hilfreich ist es, die Beträge, etwa fünf Euro für hundert Kilometer, als Kleingeld mit sich zu führen. Ansonsten könnte das vielversprechende Multibanco-Schild zu Fehlverhalten verleiten. Die Funktionen sind, wie ich schmerzlich feststellen durfte, scheinbar ausschließlich mit portugiesischen Bankkarten zu erfüllen. Wie im Märchen will man den Helden hier stets ein wenig narren, um ihn seiner nächsten Prüfung entgegenzutreiben.

In strömendem Regen stand ich einmal im goldenen Zeitalter vor Einführung des Euro kurz vor Porto mit meinem Mietwagen an der Zahlstelle und hielt dem Mann siegessicher meine American Express entgegen. Ein Kopfschütteln. Nun gut, dachte ich, wir sind ja in Europa, also warum nicht die Eurocard? Aber auch diese entlockte dem Mann lediglich ein mitleidiges Grinsen. Dergleichen hatte ich schon öfter erlebt, also zog ich, als letzten Trumpf, meine EC-Karte. Ob ich kein portugiesisches Geld habe, fragte er mich. In betont freundlichem Portugiesisch entschuldigte ich mich: *Não, desculpa, mas não tenho.* Hinter meinem Wagen hatte sich bereits eine veritable Schlange gebildet.

Also winkte der Mann mich heraus und fragte, ob ich denn überhaupt Bargeld jedweder Währung bei mir führe? Aha, dachte ich. Wechselstuben, na klar. Warum nicht auch auf der Autobahn?

Mit meinen gerade in Lissabon erworbenen, leider noch unimprägnierten Wildlederschuhen balancierte ich vorsichtig zwischen den Pfützen hindurch zur überdachten Zahlstelle zurück, in der Hand mein letztes deutsches Geld, einen Hundertmarkschein. Ich bin mir nicht sicher, zu welchem Phantasiekurs er mein Geld getauscht hat, bewahrte jedoch den Beleg als Souvenir auf. Merke: Wo Multibanco draufsteht, ist nicht immer der Einsatz von vielerlei Karten drin. Die tropfnassen Schuhe stopfte ich im Auto mit einer Ausgabe der nationalen Fußballzeitung »A bola« sorgsam aus und erinnerte mich an die mahnenden Worte meiner Begleiterin: Manchmal hilft in Portugal nur eines, Geduld und Nachsicht. Nicht ärgern, nur wundern. Es half.

Auch beim Einkalkulieren von Fahrzeiten, besonders wenn es um wichtige Termine wie den Abflug einer gebuchten Maschine mit vorausgehender Mietwagenabgabe geht, ist zu beachten: Portugal ist zwar ein Land mit unglaublich vielen Grünflächen, Wäldern von Korkeichen, Eukalyptusbäumen, Zedern und anderen wunderbaren Bäumen, der Schilderwald hingegen ist manchmal so ausgedünnt wie der nördliche Schwarzwald nach jahrelangem sauren Regen und dem letzten Weihnachtsorkan. Wenn allerdings Schilder kommen, gibt es gleich so viele mißverständliche auf einmal, daß die Lektüre wahrscheinlich nur beim Passieren im Schrittempo bewältigt werden könnte. Bis dahin jedoch hätte man eine Auffahrunfallkette ausgelöst. Da ist es einfach das kleinere Übel, die entscheidende Ausfahrt zu verpassen.

Gemeinhin sind die Straßen wie folgt unterteilt: Es gibt Landstraßen, die auf den meisten Karten gelb aussehen. Das paßt gut zur Gesichtsfarbe der Mitfahrer, so sie nicht gerade ein ausgiebiges Raumfahrttraining absolviert haben. Auf solchen Wegen ist man nämlich gemeinhin und besonders in den Gebirgen lange und kurvig unterwegs. Wenn es sich um Straßen und keine ausgebauten Feldwege handelt, so ist gutes und vor allem aktuelles Kartenmaterial nicht leicht zu bekommen, am ehesten vielleicht noch über das ADAC-Pendant *Automóvel Clube de Portugal* (ACP). Am besten, man hat mehrere, vergleicht die Aussagen und übt sich ein wenig in Wahrscheinlichkeitsrechnung. Die schier unüberschaubare Menge an Bezeichnungen für die verschiedenen Straßentypen gibt einen guten Vorgeschmack auf die portugiesische Bürokratie, nicht erst durch den Schriftsteller und Buchhalter Pessoa in an Kafka gemahnender

Manier überliefert. Wer rot sieht, befindet sich auf der Karte nahe einer Nationalstraße, kurz N- mit ein bis drei Zahlen dahinter. Das klingt ziemlich staatstragend, kann aber von gelb bis zur Fast-Bundesstraße alles bedeuten. Ausgebaute Nationalstraßen wiederum führen das Kürzel IP, da geht es zwei- bis drei- und manchmal sogar vierspurig erheblich schneller vorwärts. Rot bedeutet nicht umsonst Gefahr. Dieser Umstand wiegt die Fahrer auf Schnellstraßen nämlich in einer trügerischen Sicherheit. Hier wird besonders in der Bergregion um *Trás-os-Montes* manchmal schon bedenklich Gas gegeben, als seien die Haarnadelkurven nichts weiter als optische Täuschungen bei hoher Geschwindigkeit.

Grün ist die Hoffnung, und mit ihr kommt die Autobahn als Europastraße mit großem E in greifbare Nähe. Als rein lokale Autobahn ist sie auch mit blauen Zeichen und A zu erkennen, ein sicheres Zeichen für die Melancholie der blauen Stunde, denn hier muß Maut bezahlt werden. Auch spielen die Straßen manchmal Bäumchen-wechsel-dich und heißen plötzlich ganz anders, obwohl man noch immer auf derselben Straße fährt. Sicherlich ein Trick, um die Fernfahrer wachzuhalten. Allein die Strecke Lissabon–Porto, so verriet mir ein aufmerksamer Freund, trägt im Verlauf vier Bezeichnungen: IP 1, A1, E1 und E80. Des weiteren sollte berücksichtigt werden, daß aufgrund der *portagens* auf der Autobahn die Abfahrten keinesfalls so rasch folgen wie auf vergleichbaren deutschen Autobahnen.

Als wir einmal einen relativ frühen Flug mit der TAP ab Lissabon erreichen mußten, verordnete ich uns einen extra großzügig berechneten Abfahrtstermin vom schönen *Praia das Maçãs* aus, einem malerischen Seebad mit Nivea-Strandballon und Corniche, das man eigentlich am besten von Sintra aus mit einer alten Straßenbahn erreicht, die noch zu Salazars Zeiten die Prominenz aus der großen Stadt in die Sommerfrische transportierte. Wir wollten in aller Herrgottsfrühe die hoffentlich freie Autobahn zum Flughafen zu erreichen. Leider hatten wir zwei Dinge nicht bedacht: Erstens das Auftanken. Einmal in den Autobahnkreis um Lissabon geraten, kamen plötzlich keine Tankstellen mehr, obwohl wir uns gerade noch auf einer mit schnellem köstlichen Espresso-Frühstück versorgt hatten. Zerknirscht, da schon bald die Ausfahrt zum Flughafen kommen würde, überlegte ich, ob es möglich sein würde, den Wagen unbetankt zurückzugeben, als bereits Problem Nummer zwei in Sicht kam, besser gesagt nicht in Sicht. Die Feuchte der Herbstluft schlug sich als Nebel nieder, der sich nun in immer tieferen Schleiern über die Straße und deren sparsame Beschilderung legte, alles verschwand in zartem Nichts. Meine Begleiterin sprach begeistert von der zauberhaften mystischen Stimmung. Doch mystisch war daran allein, daß sich die angekündigte Ausfahrt zum Flughafen verflüchtigt hatte, längst schon hätte sie kommen müssen. Dann sah ich sie: Eingeklemmt zwischen zwei Lastern erheischte ich ihr verschmutztes Schild gerade in dem Moment, da wir sie passierten. Dunkel wie sie war, verschwand sie auch gleich wieder, und wir befanden uns mit der Tanknadel im Reservebereich auf der Autobahn Richtung Porto.

Nun verwandelte sich auch die Stimmung meiner Begleiterin in schiere Panik. Nicht umsonst ist es in fast allen westlichen Ländern sehr teuer, ohne Benzin auf der Autobahn liegen zu bleiben. Noch teurer wird es, wenn man anschließend seinen Flug verpaßt. Bei der nächsten Ausfahrt, und von denen gibt es in Portugal nicht überdurchschnittlich viele, drehten wir um und erreichten mit den letzten Benzintropfen den Flughafen.

Mit den Boardingpässen in der Hand, so ging mein Plan, wollte ich das Personal der Mietwagengesellschaft wegen des leeren Tanks besänftigen, daher ließ ich meine Begleiterin für uns einchekken. Mein Fehler war, daß der Flug um sieben Uhr gehen sollte, die Mietwagenstation aber erst um 6.30 Uhr öffnete. Falls die Station pünktlich öffnete. Vor den herabgelassenen Rolladen hatte sich schon eine beachtliche Schlange gebildet, als ich um 6.35 Uhr dort ankam. Anscheinend gingen noch mehr Maschinen um die Uhrzeit. Ein dicker Amerikaner verlor die Haltung, weil seine Frau ihn darauf aufmerksam gemacht hatte, daß ihre Maschine gerade mit dem berühmten *»Should proceed immediately to Gate«* aufgerufen worden war. Final call.

Der Mann war puterrot im Gesicht, als sich die Rolladen um Viertel vor sieben zögerlich öffneten und ein entspannter Portugiese entgeistert in die erregte Menschenmenge sah. Die Amerikanerin zupfte ihren Mann am Hemd, und der warf im selben Moment seinen Autoschlüssel nach dem Angestellten. Seine Kollegin, die gerade den Raum mit zwei Tassen Kaffee und einigen Hörnchen betrat, verstand die Welt nicht mehr. Seltsame Ausländer, stand in ihrem Blick geschrieben. Ich nutzte ihre Verwirrung aus, um mein Anliegen in knappen Worten zu unterbreiten und den Schlüssel in ihre Hände zu drücken, bedankte mich artig und rannte zum Gate. Wer Zeit hat, ist ein König, wer sie nicht hat, sollte nicht nach Portugal kommen. Denn auch Öffnungszeiten sind nur als Empfehlung zu verstehen, innerhalb der sich die Anwesenheit des Personals bewegen kann wie ein Hummer im Atlantikaquarium.

Wen der Mut, sich mit dem Auto durch das Land zu bewegen, nun verlassen hat, steht vor anderen Problemen. Sich mit öffentlichen Verkehrsmitteln durch das Land zu bewegen, erfordert jedenfalls Zeit und Geduld. Besonders die bereits im eigenen Land oftmals als Hieroglyphen empfundenen Fahrplanangaben haben in Portugal ein Ausmaß erreicht, das eine wissenschaftlich-mathematische Vorbildung nötig zu machen scheint. Wer sich interessiert einem Busfahrplan zuwendet, lernt nämlich ein Merkmal der Sekundärliteratur schätzen: die Anmerkungen. Wie in einer sauberen Magisterarbeit übersteigen die Fußnoten den Primärtext um einiges. Jeder Tag hat im Busverkehr seinen eigenen Fahrplan, und am kompliziertesten wird es, wenn dieser gerade von Sommer auf Winter umgestellt wird, von Schulferien auf Schulzeiten oder von Hochsaison auf Nebensaison. Auch die Zählweise der portugiesischen Wochentage sollte berücksichtigt werden, da die Woche unausgesprochen mit dem Sonntag beginnt. Montag heißt daher der Zweite, *segunda* oder *segunda feira*, und das geht bis zum Freitag weiter, dem Sechsten, *sexta-feira*, bevor auf den *sábado* der *domingo* folgt. Ein Reiseführer lehrt uns beispielsweise folgende Anmerkung: *de 16 Set à 30 Jun, aos sábados (ou 6as. feiras se feriado) e 2as feiras (ou 3as. feiras se dia seguinte à feriado).* Verstanden? Der

Busfahrplan will uns sagen, daß diese Abfahrtszeit an folgenden Tagen gilt: vom 16. September bis zum 30. Juni, an Samstagen (oder Freitagen, wenn der Freitag ein Feiertag ist) und Montagen (oder auch Dienstagen, wenn es der Dienstag nach einem Feiertag ist). Klarer? Erst in Portugal habe ich begriffen, warum meine Englischlehrerin mit uns besonders den *if-clause* geübt hat, bis wir ihn verinnerlicht hatten. Es muß als Vorbereitung auf die vielen »wenns« und »falls« gedacht gewesen sein, die einen im Leben spätestens während des ersten Portugal-Aufenthalts erwarten. Apropos Warten. Bis der nächste Bus kommt, bilden sich an jeder Haltestelle Schlangen. Wer nicht unangenehm auffallen will, stellt sich hinten an und wartet, dem Brauch gemäß, mit. Beim Warten hat man auch Gelegenheit, die neuesten Fußball-Ergebnisse zu studieren, die in Portugal mit Leidenschaft diskutiert werden. »A bola« beispielsweise ist eine ganz normale Tageszeitung, die sich nichts anderem widmet als dem begeistert verfolgten Rund. Bisweilen entsteht der Verdacht, im Fußball als Welterklärungsinstrument spiegele sich eine späte Reminiszenz an die portugiesischen Entdekkungen auf dem großen Ball der Erde. Der Traum von der Beherrschung, der spielerische Umgang mit der Kugel, die rollt und eine ganze Nation in Atem hält, ist ein weiteres Indiz dafür, wie die Vergangenheit verrätselt in der Gegenwart Portugals überall ihre Spuren hinterläßt.

Aber zurück zur Fortbewegung. Da aufgrund der bereits beschriebenen Straßen- und Fahrumstände im ganzen Land eine Busreise die seltsamsten Überraschungen bereithalten kann, scheint es angeraten, den Zug zu nehmen. Sie sind sogar meistens noch billiger als die Busse. Staatliche Unterstützung erlaubt es der Eisenbahngesellschaft *Caminhos de Ferro Portugueses*, kurz CP, die Preise niedrig zu halten, die Verbindungen zwischen den großen Städten mit den *Intercidades* sind exzellent. Und selbst die Zukunft des Schienenverkehrs hat in Portugal einen wohlklingenden, in musikalisch geschulten Ohren gar hämmernd dröhnenden Namen: Was hochoffiziell als *Rede Ferroviária de Alta Velocidade* bezeichnet wird, also als Eisenbahnnetz der Hochgeschwindigkeit, wird lustig zu RAVE abgekürzt. Leider hat auch da die Finanzkrise zugeschlagen und man verhängte verständlicherweise einen Baustop für die Trassen nach Madrid und Porto. Daher rücken traditionelle Nebenstrecken wieder zunehmend ins Bewußtsein, sie lohnen die oftmals lange Reisedauer jedoch unbedingt, ganz abgesehen von der physiologisch wie psychologisch entschleunigenden Wirkung. Besonders eine Fahrt von Porto in die Region der Portwein-Quintas im oberen

Douro-Tal hat malerische Qualität. Wer den Zug Richtung Pocinho nimmt, kann in Pinhão aussteigen und eine der schönsten Bahnstationen überhaupt besichtigen. Sie ist, wie die Estação do São Bento in Porto, fast vollständig mit *azulejos* verkleidet. Das sind kleine Kacheln, zumeist in Blau und Weiß, mit denen überall in Portugal Kirchen, Häuserwände und Oberflächen gestaltet werden. Die Tradition reicht bis in maurische Zeiten zurück, auch der Name stammt wahrscheinlich aus dem Arabischen: *Al zulaycha* steht für »polierter Stein«. Die Steine führen den Reisenden zurück in die Geschichte des Landes und können als märchenhafte Wegweiser in die Umgebung dienen. So finden sich außer floralen Verzierungselementen in Pinhão auch Szenen rund um den Weinbau. In Porto hat sich der Künstler Jorge Colaço Anfang der dreißiger Jahre des vergangenen Jahrhunderts sogar der portugiesischen Geschichte angenommen und stellt dort neben entscheidenden Schlachten (die der Unabhängigkeit von Spanien von 1385 gab gleich einer ganzen Stadt ihren Namen: Batalha) Alltagsmotive als Bildergeschichte dar.

Das Reisen mit der Bahn hat also entscheidende Vorteile, zumal die Überlebenschancen im Vergleich zur Straße enorm sind. Und als ob sich ein darwinistisches Element auch in den Wettbewerb der Verkehrsmittel eingeschlichen hätte, gab Portugal dem schnellsten Zug des Landes einen sprechenden Namen: *Alfa.* Er kostet das Doppelte eines normalen IR (eine Art Interregio), ist aber seinen Preis wert. Das *Alfa*-Tier huscht ruhig durch die Landschaft, und auch im Inneren der Züge herrscht elegante Stille. Unterhaltungen finden allenfalls in Form eines lieblichen Getuschels statt, und nur in der ersten Klasse wird die formelle Strenge gelegentlich durch das scheue Piepsen eines *telemóvel* gestört. Die Innenausstattung ist grün wie die berühmte Gemüsesuppe *caldo verde*, und wer sich in den bequemen Polstern zurücklehnt, fühlt sich als Reisender auf dem Höhepunkt zivilisatorischer Errungenschaften. Auch ein Gang in die Bar oder das Restaurant überzeugt mit außergewöhnlich gutem Essen und hervorragendem Kaffee. Auf wundersame Weise haben es die Portugiesen fertiggebracht, daß selbst löslicher Kaffee schmecken kann. Aber auch ansonsten ist der *Alfa* für angenehme Überraschungen gut.

Als während eines Lissabon-Aufenthaltes meine Begleiterin den Wunsch verspürte, Coimbra wiederzusehen, die Stadt, in der sie Portugiesisch studiert hatte, bestiegen wir in der Station *Santa Apolónia* den Morgenzug. Kurz vor Coimbra packten wir unsere zwei Koffer und zahlreichen Taschen, da wir mit unserem vollständigen Gepäck einige

Tage dortzubleiben gedachten. Es war ein sonniger Herbsttag, das Wetter war ungewöhnlich warm, und das Hoch über der Iberischen Halbinsel schien Stabilität zu versprechen. Auf dem Bahnsteig, bereits die prächtige Stadt auf dem Hügel im Visier, fiel mir beim Anblick der sich langsam entfernenden roten Schlußlichter des *Alfa* Richtung Porto ein Bild wieder ein, das ich kurz zuvor noch vor Augen gehabt hatte: mein schwarzes Filofax in dem Gepäcknetz des grünen Vordersitzes. Rotes Licht und grüner Velour. Da waren sie beisammen, die portugiesischen Farben. Und mit der Schicksalsschwere des Landes sah ich das schwarze Etwas: Genau da mußte es auch jetzt noch hängen, vereinsamt mit meinen Ausweisen, Kreditkarten, den Flugtickets, Reservierungen, ganz zu schweigen von dem darin enthaltenen Adreßverzeichnis aller Freunde, Bekannten und Verwandten samt der am Morgen noch extra für den mehrtägigen Ausflug bei der Bank abgehobenen Barschaft.

Der Zug nahm gerade die Ausfahrtkurve, als ich meiner Begleiterin das fatale Mißgeschick beichtete. Sie dirigierte uns mitsamt dem schweren Gepäck zum Bahnhofsvorsteher. Ich schilderte ihm kurz und radebrechend unseren Fall, meine Begleiterin übernahm die Details. In solchen Situationen erkennt man den Unterschied zwischen genereller Freundlichkeit und kompromißloser Hilfsbereitschaft. Letztere setzt bei den Portugiesen dann ein, wenn man ein paar Worte, und seien es auch nur die elementaren Höflichkeitsformen, wenigstens im Tonfall des komplizierten Genuschels der Landessprache beherrscht.

Was nun geschehen sollte, bedurfte einer logistischen Meisterleistung. Portugiesen helfen grundsätzlich gerne weiter, auch wenn sie nicht im Besitz der erbetenen Information oder der Befugnis sind. Die Auskunft, die Sie dann erhalten, ist immer wohlgemeint, muß aber nicht unbedingt etwas mit Ihrem Ziel zu tun haben. So war ich froh, in meinem Fall wenigstens die Platzreservierungskarten noch im Sakko zu haben, um den genauen Fundort angeben zu können.

Daß manchmal auch einfach alles gutgehen kann, obwohl niemand damit rechnet, hatte ich einmal in Porto erlebt. Dort gab ich bei einem alten Schriftsetzer mit dem tönenden Namen *Heroica* einen Satz Visitenkarten in Auftrag. Das Geschäft in einer der steilen Gassen, die vom Ufer des Douro hinauf in die Stadtmitte führen, war sehr alt. Der Meister trug einen blauen Arbeitskittel und eine sehr dicke Brille. Auf Anfrage holte er einen vergilbten Prospektband mit Schriftarten aus der Schublade und suchte zwischen den verklebten Plastikseiten nach den geeigneten Lettern. Ich vermutete, auch Doktor Pereira, dem Helden in

Antonio Tabucchis berühmtem Buch »Erklärt Pereira«, hätte bereits 1938 für seine Visitenkarten die gleiche Auswahl zur Verfügung gestanden. In möglichst leserlichen Großbuchstaben kritzelte ich die gewünschten Informationen, mit denen ich die Visitenkarte versehen haben wollte, auf einen Zettel und fragte, ob das so und so möglich sei. Die Frau des Meisters, welche die ganze Zeit kritisch ihrem Mann auf die Finger gesehen hatte, betonte mehrfach, daß dies gewiß so in Ordnung gehen würde, *com certeza*.

Meine Begleiterin hatte daraufhin mit mir eine Wette abgeschlossen, daß eingedenk meiner unmöglichen Handschrift und der Nachdrücklichkeit, mit der die Frau des Meisters ihre Beteuerungen wiederholt hatte, das Ergebnis bestimmt formidabel sein würde. »Es käme einem Wunder gleich, wenn sie alles richtig schreiben.« Also wetteten wir um eine Flasche Late Bottled Vintage 1994. Indes, am nächsten Morgen holten wir die sorgsam eingewickelten zwei Päckchen ab, und zum Vorschein kam eine fehlerlose Visitenkarte in Hochdruck mit unschlagbarer Optik. In Portugal passieren die Wunder eben nicht nur in Fátima.

Derlei Schicksalsspiele gingen mir durch den Kopf, als wir auf dem Bahnsteig in Coimbra standen und warteten. Auf den Vorsteher, der den Zugchef angerufen hatte. Auf den Zugchef, der versprochen hatte, im Zug nachzusehen. Und auf den Stationsvorsteher der nächsten Stadt, der sich nach Rücksprache mit seinem Chef wiederum bereit erklärt hatte, das Objekt der Begierde im Falle seines Auffindens mit dem nächsten *Alfa* wieder zurückzuschicken. Die Luft sirrte, und im nächsten Moment klingelte das altmodische schwarze Wählscheibentelefon des Vorstehers. Man hatte das schwarze Buch gefunden, und bald hielt ich es wieder in meinen Händen, vollständig. Merke: Reservierungen sind doppelt ratsam. Insbesondere zum Auffinden von Verlorenem. Daß die meisten Portugiesen um nichts in der Welt ihr Auto für eine Reise im Zug innerhalb des Landes stehenlassen: ein Rätsel.

Unterkommen

> Ich betrachte das Leben als eine Herberge, in der ich verweilen muß, bis die Postkutsche des Abgrunds eintrifft.
>
> *Fernando Pessoa*

Die Geschichte der Gastlichkeit Portugals reicht lange zurück, was daran zu erkennen ist, daß sich das älteste Hotel der Iberischen Halbinsel in Sintra bei Lissabon befindet: Lawrence's Hotel. Es wurde 1764 als erstes seiner Art eröffnet. 1809 hat Lord Byron dort übernachtet und war bald überzeugt, in Sintra sein »Glorious Eden« gefunden zu haben. Damit stand er nicht allein. Auch Ferdinand von Sachsen-Coburg-Gotha, der Ehemann der portugiesischen Königin Maria II., fand Gefallen an dem Ort und ließ sich dort auf den Ruinen eines alten Klosters aus dem 16. Jahrhundert ein Märchenschloß errichten, den bis heute erhaltenen Palácio Nacional de Pena. Die romantische Veranlagung des Auftraggebers, der sich selbst als Künstler verstand, fand in dem preußischen Architekten Ludwig von Eschwege sein kongeniales Pendant. Der verwirrende Stil des Gebäudes, das Elemente der Gotik und der Manuelinik mit Zitaten der Renaissance und maurischer Bauweise verbindet, zeugt vom bizarren Geschmack des Deutschen. Die Manuelinik, so muß man wissen, stellt einen portugiesischen Sonderstil der Frührenaissance dar, der mit maritimen Elementen wie Muscheln und Taubändern Gebäude aller Art schmückt. Der Architekt verewigte sich im dazugehörigen Park mit einer Statue.

Der Königinnengemahl darf als Vorreiter einer spezifisch deutschen Tugend gelten: der liebenden Vereinnahmung eines fremden Landes, dem man seinen bleibenden Stempel aufdrückt. Sein portugiesisches Neuschwanstein in den Farben Gelb, Rosa und Blau mußte er 1910 auf der Flucht nach Brasilien so hinterlassen, wie es der Reisende auch heute noch besichtigen kann. Feinstes Chinaporzellan ist dort beispielsweise ebenso zu sehen wie ein Raum, der ausschließlich mit erstaunlich schlechten Aktgemälden dekoriert wurde. Im unlängst wiedereröffneten Lawrence's Hotel bietet das niederländische Inhaberpaar vorwiegend Ausländern den adäquaten Übernachtungsrahmen dazu. Sogar Präsident Clinton kam hier zum Dinner vorbei. So stehen sie heute dicht beieinander, die ersten beiden Gebäude, die wie keine anderen für die Sehnsucht der Fremden nach einem Portugal stehen, das sich hervorragend als Projektionsfläche für unerfüllte Träume und Sehnsüchte eignet.

Warum? Weil hier so vieles einfach belassen ist, was andernorts zerstört wurde. Die Portugiesen haben im Unterschied zu den Mitteleuropäern keinerlei sentimentale Beziehung zu alten Dingen oder Häusern, die lange als verstaubt und nur als überkommen galten. Das nutzen, so wird berichtet, holländische Antiquitätenhändler seit langem. Sie chartern ganze Frachtschiffe, um die von Bauern und Landbesitzern billig aufgekauften Möbel für das Hundertfache an die wohlhabende Käuferschicht im Norden zu veräußern. So manche zahnlose Oma hat am Straßenrand ein Schild aufgestellt, um auf die Möbel hinzuweisen, die zumeist in alten Scheunen aufgestapelt sind. Dort findet der geduldige Jäger manchmal, in Spinngewebe eingeschlossen, genau den alten Teewagen, der ihm noch zu seinem Glück in der Bibliothek fehlt.

Aber auch die Omas haben inzwischen die Zeichen der Zeit erkannt und verlangen für zum Teil stark angenagte Stücke enorme Summen.

Die perfekte Landschaft oben am Schloß, der tropische Garten von Monserrate westlich von Sintra, dessen Landhaus einst Sir Francis Cook gehörte, dazu der Atlantik in Blickweite: Kein Wunder, daß diese Umgebung, die Künstler aus aller Welt immer wieder anzog, heute erstaunlich viele *Quintas* aufweist, in denen man auch übernachten kann. Diese umgebauten Landsitze, die es in ganz Portugal gibt, einige davon opulent ausgestattet mit Schwimmbad, Spielsaal und Bibliothek, gehören zu einem Konzept, das die Portugiesen selbst entwickelt haben: *Turismo de Habitação e Rural*. Darunter ist zu verstehen, daß alte Herrengüter von Großgrundbesitzern, Landwirten und Weinbauern in elegante Pensionen verwandelt werden. So kann man großflächig auf häßliche Neubauten verzichten und die Touristen förmlich aus der Landschaft verschwinden lassen. Ein Umstand, der zweifelsohne als ästhetischer und landschaftlicher Gewinn zu verbuchen ist. Obwohl die Portugiesen es dem Reisenden nicht gerade leichtmachen, die Quinta seiner Wahl zu finden (einen Gesamtprospekt muß man für etwa acht Euro an Tankstellen oder in Buchhandlungen erwerben), lohnt sich die Mühe. Wer einmal in die märchenhafte Lage gekommen ist, in der ehemaligen Ferienresidenz der Königsfamilie zu nächtigen, wird verstehen, warum selbst ein Exil in Brasilien die geflohenen Regenten nicht mehr glücklich gemacht hat.

Wie das aussieht, läßt sich in Monchique, im Gebirge nördlich von Portimão an der Algarve, in Augenschein nehmen: Trauerumflort blickt eine Schwester der königlichen Familie aus dem Ölgemälde herab, das im Speisesaal der *Quinta de São Bento* hängt. Ohne Rahmen freilich, als habe sie nur diesen mitgenommen, das Bild aber hinterlassen, um den nachfolgenden Besuchern noch etwas von ihrem Schmerz zu vermitteln. Kurz unterhalb der Bergspitze von Foia gelegen, thront diese ehemalige Sommerresidenz am Südhang der *Serra de Monchique*. Bei einem Besuch in der Nachsaison trafen wir dort einen Psychiater aus Lissabon, der jedes Jahr um diese Zeit dorthin reist. Am Swimmingpool, während sich die Fichten im warmen Südwestwind wiegten und einen angenehmen Duft verströmten, erklärte er uns, warum es ratsam sei, die Hauptsaison dort zu meiden: Nur wenn es leer ist, könne man das herrschaftliche Gefühl verspüren, das jene Orte ausstrahlen, und die Ruhe zur Lektüre wiedergewinnen, die im Alltag fehlen würde. Abends, wenn der Wind auffrischt, solle man auf die Geräusche achten, das Knacken im

Gebälk. Und zwischen alldem sei auch manchmal das leise Schluchzen der traurigen Schwester zu hören. Dann sprang er in das eiskalte Wasser des Pools und erklärte: *Não é muito frio*, nicht sehr kalt.

Diese Aussage schränkte die Wahrheit seiner Geschichten etwas ein. Denn der Pool war ungeheizt, und die Temperatur lag, wie wir schon vorher zitternd festgestellt hatten, bei frostigen 17 Grad. Beim Abendessen, inzwischen war Sturm aufgekommen, lauschten wir vergebens nach dem märchenhaften Gewimmer. Die Wasserobsession jedoch teilte er offenbar mit seinem Freund und Klinikkollegen, dem Schriftsteller António Lobo Antunes, der in seinem großen Roman »Die natürliche Ordnung der Dinge« immer wieder mit dem Bild eines Lissabon, das vollständig unter der Wasseroberfläche liegt, spielt.

Feuchtigkeit und Regen verändern ein Land, lassen es faulen, Korrosion entsteht und mit ihr der Verfall der Dinge. Nebel steigt auf und mit ihm ein Hauch von Verwunschenheit. In einer solchen Stimmung verirren sich im Märchen die Helden, und man gelangt mitten in der Dunkelheit an fremde Türen und Tore. Wie wichtig es ist, sich die Herberge, in der man übernachten will, vorher anzusehen und gegebenenfalls auch noch Zeit zu haben, die Flucht zu ergreifen, mußten wir ein anderes Mal erfahren.

In der Hauptsaison ist es fast unmöglich, Portugal auf gut Glück zu entdecken, da man überall vorher reservieren muß. So liegt die ideale Reisezeit im Frühling oder Herbst. An einem dieser Herbsttage waren wir in sintflutartige Regenfälle geraten, die über dem oberen Douro-Tal niedergingen. Wir hatten noch am gleichen Morgen in einer Quinta telefonisch reserviert und das Abendessen auf Anfrage mitbestellt. Von anderen Quintas war uns bekannt, daß sie gelegentlich auch ein Restaurant im Hause haben und die Küche dort meistens sehr ordentlich ist. Also dachten wir uns nicht viel dabei, als es hieß, das Abendessen werde um acht Uhr serviert.

Die Dunkelheit war bereits hereingebrochen, als wir nach mehrmaligen Kehrtwendungen auf Straßen, die nicht einmal mehr gelb auf der Karte eingetragen waren, die Herberge erreichten. Der alte Landsitz aus dem 17. Jahrhundert war frisch renoviert, und die Eingangshalle roch angenehm nach poliertem Holz. Die freundliche Empfangsdame, die perfektes Deutsch mit kölnischem Akzent sprach – sie hatte dort studiert, wie sich später herausstellte –, tat ein übriges, und wir bezogen das gewärmte, sehr geschmackvoll eingerichtete Zimmer. Lediglich ihre Anmerkung, wir könnten »die anderen« ja dann in der Bibliothek beim Aperitif kennenlernen, irritierte uns leicht!

Da wir das letzte Zimmer zur Nacht bekommen hatten, mußte die Quinta voll ausgebucht sein. Der Verdacht, den meine Begleiterin äußerte, war folgender: Das Nachtmahl werde an einem gemeinsamen Tisch eingenommen, nicht wie im Restaurant, wo die Gelegenheit besteht, seine Nachbarn auf Zeit näher kennenzulernen oder auch nicht. Ich konnte es nicht glauben, fand aber während eines kurzen heimlichen Blicks in das Eßzimmer im oberen Stock die Bestätigung: ein Tisch für neun Gäste. Daß keine Namenskärtchen vor den sorgsam eingedeckten Plätzen standen, war ein geringer Trost. Wir waren in eine Bergman-Quinta geraten, eine kriminologische Konversationsmausefalle, und die war zugeschnappt.

Ich erspare Ihnen die Details über den US-General im Ruhestand, der uns über das Kriegsgedicht von Günther Grass ausfragte, das nette dänische Beamtenpaar Anfang Fünfzig, welches leider am anderen Ende der Tafel saß. Und vor allem die drei amerikanischen Freundinnen, von denen sich zwei grußlos aus dem Zimmer verabschiedeten, als ich mir unten in der Bibliothek nach dem Essen zum Digestif eine Zigarette anzündete. Man muß dazu wissen, daß in Portugal eigentlich ständig und überall geraucht wird, außer vielleicht in der Kirche oder bei Start und Landung eines Flugzeugs. Zu unserem Unglück war der Hausherr auf einem der zahlreichen Familienfeste, von denen es in Portugal fast ständig welche gibt. Ihm war anscheinend sonst der Platz am Kopfende reserviert, auch, um das Gespräch zu führen. Oder, wie ich mir sicher war, die interessante Geschichte seines Hauses zu erläutern. Ich könnte wetten, er hätte schon am Tisch nach dem Essen zur Zigarette gegriffen. Aber so saßen wir fest und mußten in entsetzte puritanische Amerikaneraugen schauen. Für Personen mit Interesse an dieser psychodramatischen Sonderform des Urlaubs kann der Name der Quinta verraten werden: Es ist die *Casa de Casal dos Loivos* in Pinhão.

Schon möglich, daß im Falle der gelungenen Besetzung der Zimmer unvergeßliche Bekanntschaften gemacht werden. Wenige Tage zuvor, so erzählte uns beispielsweise der General, war wohl ein Architekt aus England zu Gast, der alle Mitbewohner mit seinem außerordentlichen *Sketchbook* beeindruckt hätte. Er habe, so der General, ein enormes zeichnerisches Talent bewiesen und zudem die beigefügten sarkastischen Notizen in der Tischgesellschaft zum besten gegeben. Am nächsten Morgen konnten wir beim Öffnen der Türen, die zum Kiesgarten hinausführten, den phänomenalen Blick in das Douro-Tal bewundern, laut BBC sogar eine der sieben schönsten Aussichten der Welt. Leider hatten wir mit dem Verzweiflungskater des Abends zu kämpfen und waren so nur beschränkt aufnahmefähig. Wer beim Reisen derlei vermeiden will, aber dennoch nicht auf standesgemäßen Komfort verzichten mag, hat in Portugal das Privileg, in zu Hotels umfunktionierten Herrensitzen sein Haupt niederzulegen. Aber auch bei Buchung und Auswahl der mit einem staatlichen Siegel versehenen »Pousadas« ist Vorsicht angeraten. In Sagres beispielsweise ist die Pousada zwar schön am Meer gelegen und hat ein nettes Restaurant, aber von außen betrachtet bleibt sie ein v-förmiger moderner Klotz am Bein der Küste. Man informiere sich also vorher besonders hinsichtlich der Kategorie, unter der die Pousada geführt wird: ganz am unteren Ende steht dabei »Historisches Design«. Darunter muß man sich auf alt getrimmte Neubauten vorstellen. Direkt danach, wenn nicht daneben: »Natur«, da ist das Gebäude nebensächlich, also in der Regel eine Enttäuschung, dafür gibt es eine spektakuläre Aussicht in der Nähe oder sie ist gar vom Hotel aus zu sehen. Dann kommt »Charme«, wo entweder die Lage oder die Architektur nicht überzeugen, also das Manko mit Atmosphäre wettgemacht werden muß. Die einzig gangbare Kategorie ist also »Historisch«; vor allem Setúbal, direkt am Meer gelegen, oder Mesão Frio im malerischen Douro-Tal sind hier zu empfehlen.

Tourismus mit Familienanschluß in gemäßigter Form gibt es in Portugal oft. Die meisten der Pensionen oder *Residenciais* in den Städten werden von Familien geführt, und fast immer ist man dort in den Händen einer netten *Dona* aufgehoben, die für alle Auskünfte über Restaurants, Sehenswürdigkeiten und Problemlösungen bereitsteht. Im Hintergrund läuft gemeinhin ein Fernseher, der Opa sitzt in der Flurecke, und das ganze Leben spielt sich auf der Etage der Rezeption ab. Problematisch wird es erst, wenn die Pension von schwierigen Verwandten als Zufluchtsort mißbraucht wird. In Porto wurden wir einmal schlaflose Zeugen des Besuchs eines Onkels, der seine mangelnde Beliebtheit in der Familie bestimmt seinem markerschütternden Schnarchen zu verdanken hatte. Obwohl der Onkel zwei Zimmer weiter logierte, vibrierte der ganze Flur. Wecken könne man ihn nicht, er sei ja schließlich Dauergast und noch dazu ein Verwandter, so erklärte es uns die Empfangsdame und quartierte uns um drei Uhr nachts unter zahlreichen Entschuldigungen in ein anderes Stockwerk um.

Wie groß übrigens der Familienzusammenhalt ist, bemerkt man daran, wie spät die Portugiesen bei ihren Eltern ausziehen. Von Ausnahmen in der Großstadt und der unwillig bezogenen Studentenbude für unter der Woche einmal abgesehen, fällt der Zeitpunkt des Auszugs in Portugal mit dem der Hochzeit zusammen. Und die findet in der Regel früh statt. Denn alle Welt wartet auf Kinder, die Kronprinzen des Märchenreichs. Sie haben in Portugal alle Freiheiten, vor allem die Söhne. Ihnen wird alles verziehen, sie werden verwöhnt von Anfang an. Und sei es nur, daß man in ländlichen Gebieten manchmal aufmüpfigen Babys, die mit dem Schreien nicht aufhören wollen, den Schnuller kurz in ein Glas Schnaps steckt.

Solche Bräuche erzählen etwas von der Lässigkeit, mit der die Portugiesen schwierige Lebenssituationen meistern. Aber noch viel tiefer liegt die Begeisterung, mit der sie den festlichen Aspekten des Lebens begegnen. Nicht nur, daß das Leben an sich zunächst einmal einen so hohen Wert hat, wie es sich Philosophiestudentinnen nach der ersten Existenzialistenlektüre wünschen würden. Nein, es steht in seiner Fülle über allem und, zum Leidwesen zahlreicher Unternehmer, auch über der Arbeit. Man versäumt keine Gelegenheit, die Wechselfälle des Lebens mit kräftigen Feiern zu begehen, sei es die Geburt, die Taufe, die Hochzeit oder der Tod. Aber auch abstruse Jubiläen wie die ersten Schritte des Sohnes eines entfernten Cousins werden gefeiert. Das Leben und seine Macht zeigen sich auch in Dingen des öffentlichen Lebens; die letzte Folge der neuesten *telenovela* aus

Brasilien, eine Fußball-Übertragung oder ein Straßenfest, alles, aber auch alles scheint wichtiger als die Arbeit.

Ein portugiesischer Arbeiter formulierte es einmal in einem Buch wie folgt: »Die Arbeit kann immer warten. Es gibt nichts auf der Welt, was nicht auch morgen oder nächste Woche getan werden könnte.« Diese Einstellung brachte einst einen deutschen Fabrikanten zur Verzweiflung. Er hatte versucht, seine Schuhproduktion in einer portugiesischen Fabrik zu erhöhen, indem er seinen Arbeitern höhere Löhne für mehr Einsatz versprach. Aber sie wollten alle gar keine höheren Löhne. Der Eingriff in ihr Privatleben durch die Mehrarbeit wäre viel zu groß gewesen, also lehnten sie dankend ab. Heute läßt der Mann seine Schuhe vorwiegend in Korea fabrizieren. Die Popularität der gemäßigt konservativen Regierung unter Cavaco Silva ging nicht gerade ihrem Höhepunkt entgegen, als bekannt wurde, daß diese mit der alten Tradition der dreistündigen Mittagspause mit anschließendem Kaffee, Schnaps und Kartenspiel brach und sie rigoros auf eine Stunde verkürzte.

Obwohl die Portugiesen im Durchschnitt nicht zu den Großverdienern Europas gehören, sind sie doch allem Anschein nach glücklicher als wir. Das Familiennetzwerk funktioniert auch in den ärmeren Familien. Immer gibt es einen Vetter in

Trás-os-Montes oder im *Alentejo*, der mit einer Ladung Würste vorbeikommt, wenn Not am Mann ist, selbst wenn er extra deswegen ein Schwein etwas früher schlachten muß.

Man arbeitet, wenn gerade nichts Besseres zu tun ist. Das Schicksal liegt in den Händen Gottes, und man sollte es nie herausfordern. Die Schläge des Lebens nimmt man hin, denn Auflehnung dagegen würde großes Unglück bringen. Auch die Mieten liegen vergleichsweise niedrig und waren gesetzlich noch bis vor nicht allzulanger Zeit fast auf dem Stand von 1974 eingefroren. Weswegen die Besitzer der Häuser auch nicht viel in ihre Objekte investierten, da kein Mieter dafür bezahlen wollte. Auch ein Grund für den vom Mitteleuropäer auf der Suche nach dem Pittoresken immer wieder bewunderten Verfall der Bausubstanz, der jedoch für die Mieter nicht immer von zivilisatorischem Vorteil ist. Die fast blinde alte Großmutter einer Freundin beispielsweise hatte in ihrer noch älteren Wohnung in der *Alfama* in Lissabon ein kluges System der Mäusebeseitigung erfunden. Sie zog den zierlichen Tierchen mit ihrer Kehrichtschaufel einfach eins über und entsorgte anschließend den Sondermüll artgerecht.

Ausgerechnet das Wasser und mit ihm die Kanalisation ist seit jeher ein chronischer Schwachpunkt der portugiesischen Häuser. Daher ist es angeraten, in Pensionen darauf zu achten, ob die versprochene Dusche und das WC sich auch sauber getrennt in einem eigenen Raum befinden und nicht etwa nachträglich ins Zimmer integrierte Naßzellen sind, die mit floralen Tapeten beklebt wurden. Die Ausdünstungen können auch in gerade gebauten Herbergen bei ungünstiger Witterung oder Kanalproblemen mehr als den Schlaf rauben, nämlich den Atem allgemein.

Wer in Portugal etwas gelten will, bezieht ein Appartement in einem möglichst neuen Gebäude. Das führt zu dem aberwitzigen Zustand, daß in diesen Wohnungen mit relativ niedrigen Decken dann kostbarste alte Familienmöbel aus Tropenholz und Mahagoni untergebracht sind, die oftmals haargenau mit der Zimmerhöhe abschließen und den Eindruck eines opulenten Antiquitätenlagers entstehen lassen. Obwohl diese so überhaupt nicht zur Geltung kommen, stört das keinen. Man ist eben modern.

Ganz unmodern, aber trotzdem aktuell ist in Portugal eine wahrlich sagenhafte Tradition: Nicht nur die Familie gibt Halt, sondern auch vereinsartige Zusammenschlüsse, die vor allem in den Großstädten zugezogenen Landbewohnern als erweitertes Wohnzimmer dienen. Jeder Landstrich hat seinen eigenen. Da werden die Neuigkeiten von zu Hause ausgetauscht und Träume von der

Rückkehr gepflegt. Vor allem die Bewohner der Region hinter den Bergen, *Trás-os-Montes*, sind ihrer Herkunft besonders zugeneigt. In Lissabon gibt es sogar ein Restaurant, das den Namen *Casa Transmontana* trägt. Dort läßt sich die deftige Bergküche der Gebirgslandschaft an der Grenze zu Spanien genießen, die vor allem deswegen so hervorragend ist, weil die Betreiber sämtliche Lebensmittel ausschließlich aus ihrer Heimatregion im Nordosten importieren. Besonders das Zicklein, *cabrito*, ist zu empfehlen, aber auch der gängige Eintopf mit Gemüse, Kochfleisch und Wurst, *cozido à portuguesa*, wird hier so gut zubereitet wie nirgendwo sonst.

Aber es gibt noch weitere Institutionen, die eine Familienersatzfunktion übernehmen, wenngleich auch eher im verschwörerischen Sinn. Kein Land in Europa hat eine umfassendere Geschichte der Freimaurerei als Portugal. Einst von den Engländern importiert, wurde sie zur starken Macht der Auflehnung gerade gegen die Einflußnahme der Briten. Noch das päpstliche Dekret von 1738 sah eine scharfe Verfolgung der Geheimbünde vor, da diese als Häretiker galten. Besonders die fortschrittlichen Ziele der Freimaurerei machten sie zum gefürchteten Feind von Staat und Kirche. Einer der berühmtesten Freimaurer und den Idealen der Aufklärung in besonderem Maße verpflichtet war der Marquês de Pombal. Auf dem diplomatischen Parkett in London und Wien hatte er sich als Botschafter Portugals verdingt und war dann am Hofe König Josephs I. als Staatsminister für alle entscheidenden Aufgaben verantwortlich. Die Schwäche des Königs wurde zu seiner Stärke, die er unter anderem nutzte, um Portugals Importunabhängigkeit zu stärken. Manufakturen für Porzellan, Glas und Baumwolle wurden von verarbeitenden Betrieben ergänzt, und sogar die erste Zuckerraffinerie Portugals nahm unter Pombal ihre Produktion auf.

Aber seine erfolgreichen Maßnahmen waren nicht immer populär. Der strenge Zusammenschluß des Weinanbaus in einer Monopolgesellschaft, mit deren Hilfe er dem durch schlechte Qualität brachliegenden Portweingeschäft zu veritablen Preisen und steigenden Exportumsätzen verhalf, brachte die kleinen Anbauer, die nicht seiner *Real Companhia das Vinhas do Alto Douro* angehörten, auf die Barrikaden. Sie waren nicht seine einzigen Gegner. Zur Umsetzung seiner Bildungsreformen (er stärkte unter anderem die Naturwissenschaften und errichtete staatliche Schulen) ließ er den mächtigen Jesuitenorden auflösen. Und selbst Adel und Kirche waren Ziele seiner Attakken. Die Inquisition wurde dem Staat unterstellt und somit eingeschränkt.

Die unbestrittene Macht, welche ihn zu derlei Handlungen autorisierte, hatte sich Sebastião José de Carvalho e Melo, wie Pombal mit bürgerlichem Namen bis zum Erlangen seines Titels im Jahre 1769 hieß, jedoch bei einem Ereignis erworben, das mit einem Schlag fast alle Unterkünfte nicht nur Lissabons in Schutt und Asche verwandelte.

Das Märchen kennt keinen Zufall. Und so mag es auch nicht als solcher erscheinen, daß ausgerechnet am Allerseelentag des Jahres 1755 ein gewaltiges Erdbeben Lissabon erschütterte. Seine Stärke war noch bis Skandinavien und in der Karibik zu spüren, sein Zentrum machte Lissabon fast dem Erdboden gleich. Die unzähligen Feiertagskerzen beschleunigten die Verbreitung von Feuer, und am Ufer des Tejo kamen die Verwüstungen durch die ausgelösten Flutwellen hinzu. Schnell erhob Pombals Gegenspieler, der Jesuit Malagrida, seine Stimme, es handele sich bei den Verwüstungen um Gottes Strafe für Sünden. Doch Pombal kümmerte sich nicht um Deutungen, sondern ließ rasch die Toten begraben und organisierte mit strengen Steuerauflagen die Versorgung der Überlebenden im anbrechenden Winter. So ist es vor allem der Rigorosität seiner Maßnahmen zu verdanken, daß es nicht zur Verbreitung von Seuchen kam wie sonst in vergleichbaren Situationen. Der quadratische Neuaufbau der Unterstadt Lissabons, der *Baixa*, wie wir ihn kennen, ist unter seiner Planung entstanden.

Pombal war gewiß der berühmteste Staatsmann, dessen Mitgliedschaft in der Freimaurerloge überliefert ist. Nach dem Tod seines Förderers Joseph I. kam die erzkonservative, später wahnsinnig gewordene Maria I. an die Macht und beschränkte mit der Verbannung von Pombal gleichzeitig den Einfluß der Freimaurer. Auch unter Salazar hatte die Loge nichts zu lachen, und erst später, mit dem Beginn der sozialistischen Regierungsmacht, stand mit Mário Soares 1986 erneut ein Logenmitglied an der Spitze des Staates. Dessen Sohn und Bürgermeister von Lissabon, João Soares, ließ für die Festlichkeiten des Tages der Republik 1997 das Rathaus im Zuge der Renovierung mit zahlreichen Emblemen der Freimaurer ausstatten. Und wie zu Pombals Zeiten die Jesuiten haben die Freimaurer auch heute mit der katholischen Sekte Opus Dei einen starken Gegner im eigenen Land.

In Sintra, dem Geburtsort der portugiesischen Hoteltradition, ließ sich der brasilianische Millionär und Phantast António Augusto Carvalho Monteiro am Anfang des 20. Jahrhunderts von seinem Architekten und Bühnenbildner eine Quinta vollständig nach esoterischen Aspekten erbauen. Dabei durften weder Teiche, Grotten, bizarre Vogelstatuen, eine Kapelle der Trinität noch die als

Initiation für Freimaurer gedachte Spiraltreppe fehlen. Der von der UNESCO als Weltkulturerbe unter Schutz gestellte Tempel der Alchimie ruft beim Betrachter die merkwürdigsten Assoziationen wach. Elemente der Renaissance, Gotik und Neomanuelinik machen aus dem verwunschenen Gebäude, das sich heute wie so viele europäische Kulturfragmente im Besitz eines japanischen Geschäftsmannes befindet, die ideale Kulisse für die Verfilmung so mancher englischer Gothic Novel. Man muß nur aufpassen, daß dann der Besitzer, Jorge Nichimura, nicht unversehens als Geist der Neuzeit ins Bild läuft.

Mitreden

Das Wort ist vollständig,
wenn es gesehen und gehört wird.
Fernando Pessoa

Für den Neuankömmling ist die portugiesische Sprache zunächst eine Überraschung, klingt sie doch ganz anders als verwandte romanische Sprachen wie Spanisch und Italienisch. Die vielen Zischlaute, Nasale und Diphthonge haben schon manchen nach der Landung noch einmal kritisch auf sein Flugticket schauen lassen, um zu prüfen, ob er in Portugal oder nicht versehentlich irgendwo östlich von Prag oder Budapest angekommen ist. Erst das Schriftbild verhilft dem Kenner anderer romanischer Sprachen zur Orientierung. Die starke lautliche Abweichung der gesprochenen Sprache von der Schriftsprache läßt sogar die spanischen Nachbarn oft nichts verstehen (oder sie liefert ihnen einen guten Vorwand, nichts zu verstehen), während umgekehrt die Portugiesen keinerlei Probleme haben, den Spaniern zu folgen. Dabei gibt es klare, wenn auch nicht ganz einfache Ausspracheregeln, die zu lernen es sich lohnt, denn Portugiesisch gehört immerhin zu den großen Weltsprachen und wird von fast 200 Millionen Menschen auf verschiedenen Kontinenten gesprochen.

Neben Portugal und Brasilien haben nämlich fünf afrikanische Länder Portugiesisch als offizielle Landessprache: Angola, Moçambique, Guinea-Bissau, die Kapverden und die Inselgruppe São Tomé e Príncipe. Und auch in Asien spricht man in Ost-Timor und in einigen Enklaven um Macau, Malacca, Goa, Damão und Diu Portugiesisch.

Umgekehrt gibt es zahlreiche Einflüsse aus anderen Sprachen. Trotz des romanischen Ursprungs, eine Art Neolatein, das die Römer um Christi Geburt hinterließen, ist im Portugiesischen eine ganze Anzahl arabischer Wörter von der Invasion der Mauren 711 übriggeblieben. Arabisch wurde damals auf der ganzen Iberischen Halbinsel zur Hochsprache. So leitet sich zum Beispiel das

Wort *azeite* für Olivenöl von dem arabischen *azzait* ab, das wiederum das lateinische *oleum* ersetzt hatte. Im Mittelalter kamen französische und provenzalische Einflüsse dazu. Und auch die Entdeckungsreisen bereicherten den portugiesischen Wortschatz. So wurde der aus China und Japan im 16. Jahrhundert importierte Tee *chá* genannt, angelehnt an den Klang des kantonesischen Wortes für das Heißgetränk. Man vergesse den Gedanken, der Tee sei durch die Engländer etabliert worden. Wie auch beim Portwein handelt es sich um einen portugiesischen Beitrag zur Zivilisation Europas.

Es wird erzählt, daß die portugiesische Prinzessin Dona Catarina de Bragança, als sie im 17. Jahrhundert in das britische Königshaus einheiratete, das Ritual der *teatime* am dortigen Hof einführte. Später haben dann die Engländer beim Teehandel die Oberhand gewonnen. Die Bedeutung des Tees auf dem Kontinent wurde bald so groß, daß die Einfuhr der ersten Jahresernte zu einem Wettrennen geriet. Den Weltrekord hierbei stellte 1869 Sir Lancelot auf, der seine Fracht in nur 85 Tagen von Japan nach England verschiffte. Heute hat der Tee in Portugal seine Vormachtstellung dem Kaffee geräumt. Für Teetrinker immerhin empfehlenswert ist der *chá de limão*, ein Aufguß von Zitronenschalen mit heißem

Wasser. Anders als die Spanier, die den Tee noch heute, für Deutsche leicht mißverständlich, als Infusion bezeichnen, sind die Portugiesen auf diese Weise dem Stamm des ursprünglichen Wortes treu geblieben.

Die in Portugal gesprochene Sprache ist bis in die Gegenwart sehr formell geblieben, in den Familien der feinen Gesellschaft siezen Kinder häufig ihre Eltern. So gibt es beispielsweise ein für Ausländer nicht ganz leicht zu erlernendes ausgeklügeltes System von Anredeformen: Frauen redet man beispielsweise mit *Dona* plus Vornamen an, Männer meist mit *Senhor* und Nachnamen, bei sozial niedriger gestellten Personen mit *Senhor* plus Vornamen, Hochschulabsolventen bestehen in der Regel auf ihrem Titel (*Senhor Doutor / Senhora Doutora* etc.).

Ein weiteres sind die Höflichkeitsfloskeln: Selbst vertraute Mitmenschen bittet der Portugiese ständig mit dem Ausspruch *com licença* um höfliche Erlaubnis, sei es bei der Verabschiedung, wenn er die Tür schließt, den Telefonhörer auflegt oder falls er auf engem Raume an jemandem vorbei möchte. Äußerst beliebt ist auch der Ausdruck *paciencia*, Geduld, eine altmodische und philosophische Tugend, welche in Portugal hochgehalten wird. *Paciencia* wird meist freundlich-achselzukkend im fatalistischen Sinne von »was soll man da schon tun?« verwendet. Wie alle Sprachen hält auch das Portugiesische kleine Tücken für den Anfänger bereit. So wird es einige Zeit dauern, bis der bemühte Reisende aufgrund des zungengeschlagenen »r« und der verschluckten letzten Silbe allein das Wort Danke *(obrigado)* so auszusprechen gelernt hat, daß er sich auch bei der Benutzung wohl fühlt.

Darüber hinaus gibt es jene Wörter, die sich sehr ähneln, aber völlig verschiedene Bedeutungen haben. Mir persönlich wurde bei einem kleinen Stehempfang der Universität Coimbra einmal die Verwechslung von *despir* (sich entkleiden) und *despedir* (sich verabschieden) zum Verhängnis, als ich einer Professorin zum Abschied die Hand reichte und ihr versehentlich gestand, ich würde mich gerne noch entkleiden. Wie immer in solchen Augenblicken waren just in diesem Moment alle angeregten Gespräche im Raum auf wundersame Weise verstummt, und eine große Stille breitete sich aus. Das maskenhaft erstarrte Lächeln auf dem Gesicht der Professorin ließ mich erahnen, daß irgend etwas gerade schiefgelaufen war. Eine portugiesische Bekannte eilte mir zur Hilfe und schob mich mit einem kleinen entschuldigenden Lacher *com licença* aus dem Raum.

Beliebt bei Touristen ist es auch, bereits zum Frühstück beim Ober Milchkaffee und einen

Stierkampf *(tourada)* statt eines getoasteten Weißbrots mit Butter *(torrada)* zu bestellen. Wer sich auf derlei Abenteuer lieber nicht einlassen will, kommt als Reisender mittlerweile auch mit Englisch und Französisch aus. Die meisten Portugiesen lernen Englisch spielerisch en passant beim geliebten Fernsehen, da aus Geldknappheit fast alle Filme im Original mit Untertiteln gezeigt werden.

Einen wesentlichen Unterschied zum Englischen allerdings gibt es, den der Schriftsteller Miguel Esteves Cardoso, selbst mütterlicherseits Engländer, in seinem amüsanten Sammelband »As minhas aventuras na República Portuguesa« (1990) wie folgt zusammenfaßt und der die Portugiesen wohl davon abhalten wird, ihrer Muttersprache treu zu bleiben: Die portugiesische Sprache eigne sich, so Cardoso, wie keine zweite dazu, Hunderte von Phrasen zu dreschen, sogar komplette Romane zu füllen, ohne etwas gesagt zu haben. Ganz anders als im Englischen, wo Nonsens sich immer auch als non-sense offenbare. Er sagt das auf portugiesisch, wohlweislich.

Zuhören

Mit seinen verhüllten Worten und seiner menschlichen Melodie sprach das Lied Dinge aus, die in der Seele aller Menschen liegen und die keiner kennt.

Fernando Pessoa

Musik spielt im Leben der Portugiesen eine entscheidende Rolle. Die Nelkenrevolution von 1974 begann mit einem einzigen Lied: José Afonsos *Grandôla, Vila Morena*, dessen Abspielen in den Morgenstunden dem Aufstand der Widerstandsbewegung als Startzeichen diente. Das Echo dröhnte damals bis in die Hörsäle deutscher Universitäten, wo man im Chor mitsang, als der Sänger in der Bundesrepublik auf Tour ging. Es war sozusagen der anständige Austauschbesuch, denn wer in Deutschland damals jung und links war, zog, so Henry Thorau in seinem Essay »Wir und Portugal«, »mit Bart und langen Haaren, Che-Guevara-T-Shirt und Batik-Röckchen zum Aufbau der Demokratie und/oder des Sozialismus nach Portugal, (...) im Rucksack unsere roten Raubdrucke«, wo »wir sehr deutsch halfen, mit Spaten und Sichel in Südportugal die Agrarreform umzusetzen, und Landarbeiter nach Paulo Freires ›Pädagogik der Unterdrückten‹ alphabetisierten«.

Gegen Ende des Salazar-Regimes stellte man nämlich entsetzt fest, daß die Analphabetenquote des portugiesischen Volkes bei 40 Prozent lag. Da die Quote der Sprachkenntnisse in Portugiesisch bei den deutschen Hippies jedoch selten 1 Prozent überschritt und so für derlei Aufgaben nicht ausreichend war, solidarisierte man sich wenigstens im Gesang und schmetterte gemeinsam mit den portugiesischen Bauern das Revolutionslied *»Somos livres, somos livres«*, was für beide Parteien zunächst ja auch keine Unwahrheit enthielt. Später wurden große Teile der Landenteignung von den Großgrundbesitzern wieder rückgängig gemacht. Die impulsiven Deutschen waren längst in die kalte Heimat zurückgekehrt und dümpelten wieder in Göttingen, Freiburg und West-Berlin ihren Examina entgegen.

Die klassische Musik erfuhr in Portugal niemals eine besondere Entfaltung, man orientiert sich bis heute vorwiegend an ausländischen Komponisten. Wie auch in Sachen Urlaub hat die Orientierung Portugals nach Italien auch musikalisch eine Tradition. König Johann V. nahm Gesangsunterricht bei italienischen Sängern und verpflichtete gar den großen Barockkomponisten Domenico Scarlatti als Lehrer für seine Kinder. Sein Hoforganist Carlos Seixas komponierte im 18. Jahrhundert einige Sonaten, die zu den wenigen Werken gehören, die auch heute noch ab und zu aufgeführt werden. So kommt es auch, daß berühmte portugiesische Pianisten wie Maria João Pires, José Carlos Sequeira Costa oder Pedro Burmester in ihr Konzertrepertoire eher selten einen portugiesischen Komponisten aufnehmen. Möglichkeiten, klassische Musik live zu hören, bleiben weitestgehend ungenutzt.

Die Konzerte des Studentenchores der Universität Coimbra zum Beispiel, der immerhin dreimal die Woche unter exzentrischer Leitung weit bis nach Mitternacht probt, lockt, wie bei einem Besuch festzustellen war, selten mehr Publikum an, als Aufführende anwesend sind. Selbst professionelle Ensembles wie das Orchester der Gulbenkian-Stiftung, das Orquestra Sinfónica oder das Orquestra Metropolitana aus Lissabon geben in halbleeren Auditorien vergangener Pracht ihre Konzerte. Das Desinteresse der Menschen schlägt sich natürlich auch in der Wartung der Instrumente nieder. Einen geschlagenen Abend lamentierte ein Kirchenmusiker aus Aachen, den wir ebenfalls in der *Quinta de São Bento* während eines Dinners kennenlernen durften, über den bedauernswerten Zustand der Orgeln in nahezu sämtlichen portugiesischen Kirchen.

Hört man gelegentlich aus Kirchen beim Vorübergehen einen Organisten improvisieren, so klingt dies bisweilen schräg. Viel sonderbarer aber ist für ungeübte Ohren ein allem Anschein nach zum Zitherspiel intonierter Sorgengesang, der aus verrauchten Lokalen zu später Stunde auf die Gassen hinaustönt. Denkt man zunächst aufgrund der Instrumentierung an ein wehmütiges Treffen des Alpenvereins, Division Portugal, oder auch an die Darbietung einer Zigeuner-Schmonzette, verhilft ein Blick auf das Plakat an der Tür zur Gewißheit: Hier wird Fado geboten. Und das vermeintliche Zitherspiel rührt von einer der Gitarren her.

Portugals traditionsreichste und beliebteste Musik ist pure Folklore. Die geballte Liebe der Portugiesen zur Musik zeigt sich besonders in ebendiesem Fado. Die Leidenschaft, die dieser Musikrichtung zuteil wird, die zugleich Lebensanschauung und Gefühlskatalysator ist, zeigt sich in ihrer

Tendenz zu polarisieren. Man liebt Fado, oder man haßt Fado, niemand geht hin, weil es heute nach der brasilianischen *telenovela* (zu dieser Leidenschaft später) nichts mehr im Fernsehen gibt, es draußen regnet oder die Familie verreist ist. Man geht nicht, um Fado zu hören, man geht *zum* Fado.

Denn Fado heißt Schicksal, und daß man sich diesem ergeben muß, weiß in Portugal bereits jedes Kind. Alles, was mit dieser Musik zu tun hat, ist legendenumwoben, sei es ihr Ursprung, ihre Aufführungsorte oder das Leben und Sterben ihrer Protagonisten. So meinen einige, die Mauren hätten den Fado nach Portugal gebracht, andere datieren seine Wiege in die Zeit der Entdeckungen. Manche behaupten gar, daß die Königsfamilie ihn 1822 bei der Rückkehr aus der Verbannung in Brasilien mitgebracht hat.

Als sicher gilt, daß der *Fado do Marinheiro*, der auf den Schiffen von Seeleuten gesungen wurde, durch die Hintertür der Hafentavernen in die Salons der feinen Gesellschaft gelangte. In den Sechzigern und Anfang der siebziger Jahre erlebte der Fado seine Glanzzeit. Die Salazaristen wußten um seine opioide Wirkung auf das Volk, was ihm den zweifelhaften Ruhm einbrachte, neben Fußball und der Pilgerstätte Fátima eines der drei »F«s, der Pfeiler des faschistischen Regimes gewesen zu sein. Nach der Nelkenrevolution 1974 kam daher für den Fado zunächst einmal das Aus. Entscheidend und nachhaltig wiederbelebt wurde er jedoch durch die Mitglieder des sowjetischen Politbüros, die 1977 bei einem Besuch in Coimbra darauf insistierten, den berühmten Fado zu hören.

Der faschistische Makel konnte die Popularität der Fado-Musik bis heute jedoch nicht entscheidend schmälern. Das belegen nicht zuletzt die Pilgerströme zum Grab der berühmten *fadista* Amália Rodrigues, die 1999 verstarb, nicht ohne mit letzter großer Geste die Sängerin Dulce Pontes zu ihrer offiziellen Nachfolgerin erklärt zu haben. Seit 2011 gehört der Fado berechtigterweise zum Weltkulturerbe der UNESCO.

Amália Rodrigues spaltet die Menschen wie die Musik, für die sie steht. Manche sehen in ihr die verschwendungssüchtige Kollaborateurin, andere verehren sie wie eine Göttin. Ihre sterblichen Überreste werden in das *Panteão Nacional* überführt, nie zuvor wurde einer Frau diese Ehre zuteil. Schon jetzt ranken sich Legenden um ihr Leben – ihre große unglückliche Liebe zu Eduardo Ricciardi, dem Großenkel des Conde de Alvalade, der sie trotz jahrelanger Liebesbeziehung nie ehelichte, da sie nicht standesgemäß war, wurde quasi post mortem aufgedeckt und machte Schlagzeilen. Auch die Umstände ihres Todes werden mystifiziert – ihre persönliche Sekretärin etwa habe ihr die Hilfeleistung verweigert, als sie den von der Todkranken erbetenen Krankenwagen nicht rief.

Amálias Leben ist die Geschichte des Aschenputtels, der Aufstieg eines armen Mädchens zur verführerischen Diva. Es wird erzählt, Pablo Neruda, Verfasser der wohl schönsten Liebesgedichte der Weltliteratur, habe ihr ein eben solches nach einem einzigen gemeinsam verbrachten Abend gewidmet. Ein über Monate ausverkauftes Musical porträtiert Amálias Lebensgeschichte und wurde an ihrem ersten Todestag im Jugendstiltheater »Politeama« in Lissabon uraufgeführt.

Daß Fado-Sängerinnen zum Nationalheiligtum gehören, hat in Portugal Tradition. Maria Severa, Zigeunerin und sagenhafte *fadista* des 19. Jahrhunderts, starb 1856 mit 26 Jahren nach einer stürmischen Liebesgeschichte mit einem stierkämpfenden Grafen an gebrochenem Herzen. Ihr Leben stand für den ersten Tonfilm in Portugal Pate, und *fadistas* tragen heute noch einen schwarzen Schal zu ihrem Gedenken. Lissabons Fado wird von Männern wie Frauen gesungen. Der melancholische, seelenvolle Gesang wird von der *guitarra*, einer häufig reich verzierten zwölfsaitigen portugiesischen Gitarre und einer akustischen spanischen Gitarre, *viola* genannt, begleitet. Eine besonders kommunikative Sonderform ist der *fado vadio*, bei dem der Sänger eine gesungene Frage ins Publikum wirft, die von jemandem aufgegriffen und musikalisch beantwortet wird.

Die Seele der meisten Lieder ist die berühmte *saudade*, eine melancholisch-nostalgische Gefühlsqualität dieser Nation der Seefahrer und Emigranten, die sich jeglicher Transkulturalität und somit der Übersetzbarkeit entzieht. Sie kann umschrieben werden als Sehnsucht nach der Ferne oder der Heimat, der Vergangenheit oder dem Verlorengeglaubten. Auch Verrat und Eifersucht sind gesuchte Themen des Fado, die mit entsprechender Dramatik dargeboten werden.

Coimbras Fado ist getragener und hat neben seinen folkloristischen Wurzeln auch Troubadour-Elemente. Er wird traditionellerweise nur von Männern gesungen und handelt häufig von der Schönheit der Frauen. Meist wird er von Studenten angestimmt, besonders gerne nächtlich als Hommage vor dem Haus der Angebeteten, die dann (hoffentlich) auf dem Balkon erscheint. Ist dem nicht so, kann er als Ruhestörung eines Narren aufgefaßt werden.

Wie wichtig den altehrwürdigen Herren der Universität Coimbra der Fado ist, wurde deutlich, als der portugiesische Popstar Maria Bravo 1996 beschloß, bearbeitete Coimbra-Fados einzuspielen. Die Fado-Abteilung der Universität zeigte sich empört und machte ihren Einfluß geltend, so daß eine Parlamentsdebatte über die Frage abgehalten wurde, in der einige Minister den bemerkenswerten Standpunkt vertraten, Frauen seien schon von der biologischen Ausstattung her nicht in der Lage, Coimbra-Fado zu singen. Einen weiteren kuriosen Höhepunkt erreichte die Polemik, als der stellvertretende Rektor der Universität, Antonio Pinho Brojo – er selbst bekannter Fado-Gitarrist –, sich unerwarteterweise auf die Seite von Maria Bravo schlug und als Dank einige Tage später einen blutigen Schafskopf vor seiner Haustür fand. Maria Bravo nahm ihre CD in Eigenproduktion auf und wartet immer noch darauf, daß eine der großen Plattenfirmen den Mut hat, sie herauszubringen.

Weniger Schwierigkeiten mit den Plattenfirmen dürften Gitarrengruppen haben, denn die Portugiesen sind mit den Spaniern die letzten europäischen Liebhaber des guten alten Rock. Dieser Umstand spiegelt sich auch im Radioprogramm wider, wo neben alten New-Wave-Helden wie Lloyd Cole, dessen erstes Album »Rattlesnakes« noch immer gespielt wird, vor allem die elektrische Gitarre erklingt. Seit einiger Zeit gibt es auch Acid Jazz, Hip-Hop, Techno, Handbag-House, Gabber und Neo-Rave. Besonders in Porto, das seinen Ruf als Underground-Metropole bis heute ausbaut, ist Musik zu hören wie sonst nur in den besten Clubs von London.

Ein junger Plattenproduzent in Lissabon versicherte jedoch, daß es in der lokalen Musikszene sehr schwer sei, Talente kontinuierlich zu fördern, da die Einnahmen der ersten veröffentlichten CD meist vollständig in psychotrope Substanzen umgesetzt werden, was die weitere Zusammenarbeit deutlich erschwere. Seien die Musiker vorher immer wenigstens nachmittags zum Frühstück telefonisch zu erreichen gewesen, nehme heute in der WG im *Bairro Alto* überhaupt niemand mehr den Hörer ab.

Essen

Überdruß ist eine Empfindung der Leere, ein Hunger ohne den Willen zu essen, ebenso edel wie die Empfindungen von Gehirn und Magen, wenn man zu viel geraucht oder eine schlechte Verdauung hat.

Fernando Pessoa

Essen ist in Portugal von kaum übertroffener Bedeutung. Man kommt vier- bis fünfmal am Tag zum Essen zusammen. Zum Frühstück gibt es meist nicht viel, getoastetes Brot mit Quittengelee und Milchkaffee, anders sieht es beim Mittag- und Abendessen aus, zusätzlich gibt es noch den sogenannten *lanche,* einen Vier-Uhr-Tee mit Brötchen oder Kuchen und bei spätem Nachhausekommen einen mitternächtlichen Imbiß. Mittags wie abends wird warm gegessen, und zwar jeweils mit drei bis vier Gängen. Auf die Suppe folgt der Hauptgang oder auch oft traditionellerweise umgekehrt. Zum Hauptgang gibt es Fleisch oder Fisch, der Nachtisch besteht aus Süßspeisen oder Obst und Käse. Man läßt sich Zeit beim Essen, auch wenn in vielen Familien oder Restaurants der Fernseher läuft, wird dieser eher als Geräuschkulisse zu ausgedehnten Gesprächen verstanden.

Selbst einfachere Familien haben in Portugal häufig eine Hausangestellte, die bei der Zubereitung dieser aufwendigen Mahlzeiten hilft – die Portugiesinnen sind selten reine Hausfrauen. Anders als in Deutschland haben die Frauen immer mitgearbeitet, weil sonst oft die Familie nicht überleben konnte. Deshalb sind sie auch ein selbstverständlicher Bestandteil des Arbeitsmarktes, und eine Frau gilt nicht gleich als Rabenmutter ihrer Kinder, wenn sie arbeiten geht.

Wie traditionell die Auffassung von den Aufgaben der Frauen trotzdem noch ist, beweist das Los geschiedener Frauen. Sie haben es nicht nur auf dem Land immer noch schwer, in der Gesellschaft Fuß zu fassen. *A divorciada*, die Geschiedene, erklärt für viele manches, was ihnen an Frauen nicht paßt: etwa extravagantes Auftreten oder Verhaltensauffälligkeiten. Die Bezeichnung wird von besonders verbohrten Traditionalisten immer noch gleichbedeutend mit *a frustrada,* die Frustrierte, verwendet.

So lernte ich die geschiedene Tante einer portugiesischen Freundin erst einige Jahre nach den übrigen Familienmitgliedern kennen. Man schämte sich für die blondgefärbte Lissaboner Geschiedene mit den großen goldenen Ohrringen, obwohl diese längst wieder mit ihrem Ex glücklich unter einem Dach lebte. Die jüngeren Mitglieder der Familie verehrten sie jedoch wie eine Ikone und besuchten sie heimlich.

Selbst fortschrittliche Frauen, mehr als die Hälfte der Absolventen portugiesischer Universitäten sind weiblichen Geschlechts, fallen manchmal in traditionelle Rollenmuster zurück. So erledigen Studentinnen immer noch die Hausarbeiten für ihre Kommilitonen – besonders wenn diese ihnen gefallen. Die blonden großen Holländer, mit denen ich einen Ferienkurs an der Universität in Coimbra besuchte, konnten sich beispielsweise im Studentenwohnheim der Angebote, ihre Hemden gebügelt zu bekommen, kaum erwehren.

Die spätere Fürsorge der Mütter für ihre Jungen reicht weit über die eigentliche Kindheit hinaus. Und Essen ist emotionale Zuwendung. So scheint es oft die größte Sorge einer portugiesischen Mutter, deren Kinder auswärts studieren, diese könnten nicht anständig essen. Ein ganzer Katalog von lebensgefährlichen Krankheiten wird mangelhafter und das heißt nichtportugiesischer Ernährung zugeschrieben, das fremde Essen ist neben dem Klima die größte Sorge der Portugiesen im Ausland. Mythen wie, daß ein Bad oder eine Dusche nach dem Essen unweigerlich zu Darmverschluß mit Todesfolge führen, halten sich hartnäckig.

Auch wenn die Portugiesen sehr stolz auf ihre Küche sind, so haben sie doch ein ausgeprägt unkompliziertes Verhältnis zum Essen. Dieses zeigt sich schon bei der Zubereitung der Speisen: Bei einem längeren Besuch auf dem Landgut einer portugiesischen Familie durfte meine Begleiterin nur ein einziges Mal Kartoffeln schälen, denn nachdem sie diese mit gewohnter Akribie und Finesse in dünnen Scheibchen von ihrer Schale befreit hatte, blickte sie in verständnislose Gesichter. Die Portugiesinnen hatten mit einigen großzügigen Schnitzern in gleicher Zeit die dreifache Menge an Kartoffeln bearbeitet, nicht aber ohne dabei die ursprüngliche Größe des Objekts auf die Hälfte reduziert zu haben. Auch beim Essen dürfen anstandslos Reste auf dem Teller zurückgelassen werden, ohne daß dies ein Beweis für schlechte Manieren oder eine Beleidigung des Kochs ist. In ländlichen Regionen lassen Männer in kleinerem Kreis an besonders heißen Tagen beim Mittagessen im Garten auch gerne mal die Oberbekleidung weg, was den stets auf tadellose Konfektion achtenden Großvater meiner Begleiterin, der uns auf eine Einladung zu eben einem solchen Essen im Dreiteiler gefolgt war, zu sofortiger empörter Abreise bewog.

Die kulinarische Liebe der Portugiesen zu *bacalhau*, dem deutschen Kabeljau, dauert nun schon einige Jahrhunderte an. Anfang des 16. Jahrhunderts fischten die Portugiesen in den Gewässern vor Neufundland nach jenem Kabeljau, den sie wegen des langen Heimwegs in Salz einlegten und in der Sonne zu harten Platten trocknen ließen. So entdeckten sie das perfekte Essen sowohl für die kompatriotischen Entdecker, die damals Seewege bis nach Indien zurücklegten, als auch für ihre fischliebenden, jedoch nicht über geeignete Kühlmethoden verfügenden Mitbürger daheim. *Bacalhau* erfreute sich derart großer Beliebtheit, daß man ihn bald als *fiel amigo*, den treuen Freund, bezeichnete. Heutzutage wird *bacalhau* oft aus Norwegen importiert und ist teuer geworden, er entfaltet sich beim Einlegen in Wasser jedoch zu doppelter Größe und ist äußerst nahrhaft. Ausländer werden schnell merken, daß der Ausruf: »Du riechst wie *bacalhau*« keine geglückte Konversationseröffnung ist, und auch die Wertschätzung seiner geschmacklichen Qualitäten ist für einige von uns ein hartes Stück Arbeit. Doch die Mühe lohnt sich, denn man bekommt *bacalhau* häufig bei Einladungen und sogar in Form von Fingerfood als *pastéis de bacalhau* bei Empfängen und Parties serviert. Hilfreich sind hierbei übrigens die 365 Zubereitungsarten (für jeden Tag im Jahr eine), die der treue Freund kennt.

Caldo verde, das zweite portugiesische Nationalgericht, ist eine sämige Suppe aus Kartoffeln, Zwiebeln, Knoblauch und dünnen Streifen eines grünen Kohls *(couve galega)*, manchmal wird sie mit geräucherter Wurst *(chouriço* oder *linguiça)* angereichert, stets jedoch mit einem Eßlöffel Olivenöl. Das portugiesische Olivenöl ist sehr kräftig, sein besonderer Geschmack läßt sich auf die Art der Ernte zurückführen. So werden die Früchte im Dezember von den Zweigen geschlagen und dann auf der Erde eine Woche zum Nachreifen liegengelassen, bevor sie in einem speziellen Preßverfahren mit heißem Wasser weiterverarbeitet werden. *Caldo verde* kommt aus dem Minho und wird meist mit dem für diese Region typischen Maisbrot und einem Teller schwarzer Oliven serviert. Aber auch den Einstieg ins hochpreisige Luxus-Olivenöl hat man nicht verpaßt. So wird seit kurzem von Familie Madeira, einer alten Olivendynastie in der Bergregion Trás-os-Montes, aus handverlesenen organisch angebauten Oliven ein »Grande Escolha« gepreßt, dessen fruchtige Milde (nur 0,1 Prozent Säure), gepaart mit Pfeffer- und Grasaromen, sogar die hysterischen Food-Hunter von der New Yorker Feinkostkette Dean & de Luca überzeugen konnte. Dort kann man »Carm«, so der Name, für 20 US-Dollar die Flasche kaufen, und die Portugiesen vor Ort gehen leer aus, wenn sie nicht bei den Madeiras zum Essen eingeladen sind.

In Portugal ißt man fast so gerne im Restaurant wie daheim. Das sonntagmittägliche Essengehen ist in Portugal quasi nationale Freizeitpflicht und sollte daher – wenn möglich – vermieden werden. An allen anderen Wochentagen lohnt sich ein Restaurantbesuch sehr. Meist bekommt man traditionelle Küche mit frischen Zutaten zu moderaten Preisen. Die Portionen sind oft riesig, man kann aber mittags von vielen Gerichten auch *meia dose*, eine halbe Portion, bestellen.

Nicht alle portugiesischen Süßspeisen gemahnen wie der *pudim molotof* schon mit dem Namen zur Vorsicht. Dennoch sind sie meist mächtig und sehr süß und lecker. Wer den Abend jedoch ohne diverse Verdauungsschnäpse und -kaffees ausklingen lassen möchte, sollte nach einem Stück Obst oder *queijo da serra*, einem Schafs- oder Ziegenkäse aus der *Serra da Estrela*, fragen.

Im übrigen: Es gilt in Portugal als nicht sehr höflich, auf der Straße zu essen. Ein Umstand, der die unzähligen Versuche von Fastfoodketten, im Land Fuß zu fassen, nicht im geringsten gebremst hat. Ihr Siegeszug markiert einen freilich unverständlichen Paradigmenwechsel in der kulinarischen Landschaft Portugals. Gibt es doch zu vergleichbaren Preisen in den meisten einfachen Restaurants ein dreigängiges Mittagsmenü, das, noch dazu sitzend eingenommen, eine attraktive Alternative zu »Eat & Run« darstellt. Wie die Portugiesen, die in traditionellen Lokalen speisen, es jedoch schaffen, nach dem Mittagessen, bei dem üblicherweise bereits eine halbe Flasche Wein geleert wird, weiterzuarbeiten, kann nur auf eines hindeuten: Büroschlaf.

Trinken

Eine leichte Brise, ein Gespräch ohne Absicht oder Plan, einen Becher voller Wein, dazu Blumen, darin und in nichts weiter gipfelt der höchste Wunsch des persischen Weisen.

Fernando Pessoa

Gibt es ein Land, in dem Erdbeeren auf Bäumen wachsen? Selbst im Märchenland Portugal geschieht seinesgleichen nicht. Wohl aber gibt es einen Baum mit roten Früchten, den Erdbeerbaum. Dieser Baum ist an der Algarve der Lieferant für den Grappa Portugals, den *medronho*. Die desinfizierende Wirkung des Getränks steht außer Zweifel. Aber würden Sie deshalb auch Fußwasser trinken?

Was beim ersten Hinhören wie das Angebot eines Sportlers für seine Fans nach gewonnenem Marathonlauf klingt, ist auf portugiesisch ein berühmter Tresterwein, *Água-Pé*, der zur Feier des Martinstags am 11. November getrunken wird, zusammen mit gerösteten Kastanien. Hart an der Grenze zum guten Geschmack ist ein drittes Getränk: *Vinho dos mortos*. Der Wein der Toten. Was sich hierunter verbirgt, ist nicht etwa ein Digestif beim Leichenschmaus. Vielmehr wurde der Rotwein aus dem Westen der Bergregion *Trás-os-Montes* von den Bewohnern der Stadt Boticas tatsächlich begraben, als 1809 die Truppen Napoleons in das Land einfielen. Als sich der Staub der Schlacht gelichtet hatte, gruben sie den Wein wieder aus und bemerkten erfreut, daß der vormals einfache kratzige Rotwein geschmacklich ziemlich gewonnen hatte. So machten sie es sich zum Brauch, ihren Wein in Kellern weit unter der Erde für ein Jahr abzulegen, um ihn dann zu verkosten und bis heute an die reisenden Liebhaber des Pittoresken auszuschenken. Angesichts all der weiteren Seltsamkeiten, die der Region hinter den Bergen zugeschrieben werden, erscheint selbst diese makabre Getränkebezeichnung als nicht weiter verwunderlich.

Die praktizierte Form der Geselligkeit, die sich hinter der Formulierung *»beber um copo«* versteckt, ist normalerweise mit dem Genuß von Wein verbunden. Aber auch tagsüber ist es nicht unüblich, in einem Café oder einer Bar einen Schnaps zu trinken. Im traditionellen *Café Nicola* in der Nähe des Rossio in Lissabon etwa läßt sich allmittäglich eine im 21. Jahrhundert geradezu archaische Szenerie beobachten. Alte Männer mit spärlichem, quer über die Stirn gelegtem Haupthaar stehen dann in feinstem Zwirn mit Fliege oder Schlips an der Bar und trinken *aguardente velha* aus bauchigen Cognacschwenkern, während sie die Tagespresse studieren oder einfach nur etwas unschlüssig in den Raum blicken. Dann scheint wirklich die Zeit stehengeblieben zu sein, und man wähnt sich zurückversetzt in die zwanziger Jahre. Ratsam ist, bei der Bestellung von Gin oder Whiskey auf die Marke zu achten, da die in Portugal ohne nähere Spezifizierung bestellten Derivate sich geschmacklich teilweise beachtlich von den gewohnten Originalen unterscheiden. Nur dem einfachen Brandy nach dem Essen ist der portugiesische *Macieira* zur Verdauung vorzuziehen. Doch Vorsicht: Wenn Sie nach der Bestellung eine doppelte oder dreifache Menge des harzigen Rachenputzers im Glas haben, liegt das nicht daran, daß Sie auf den Barkeeper einen bemitleidenswerten Eindruck gemacht haben. Es ist vielmehr üblich, weit über den Eichstrich eingeschenkt zu bekommen.

Das gilt auch für ein anderes Produkt, das in speziell hierfür eingerichteten Kneipen feilgeboten wird: Bei *Ginginhas* handelt es sich keineswegs um ein Geschäft, das kleine Mengen Gin ausschenkt, sondern, man beachte die floralen Verzierungen am Ladenschild, hier wird Kirschlikör ausgeschenkt. In diesen Stehkneipen hält man sich nicht lange auf. Meistens betritt der Stammgast die Bar, der Wirt erkennt ihn und schenkt ein Glas seines Lieblingslikörs voll. Kaum hat man sich versehen, ist es wieder leer, und der Mann geht seiner Wege. Die härteste Probe für Magen und Hals ist jedoch der *bagaço*, der aus Traubenhaut hergestellt wird. Nicht selten wird ein solcher Schnaps dem künftigen Schwiegersohn vom Brautvater eingeschenkt, um seine Tauglichkeit auf die Probe zu stellen.

Die Vielfalt der hochprozentigen Getränke ist eng mit der Entstehungsgeschichte des Portweins verbunden. Wie in anderen europäischen Ländern waren es auch in Portugal die Geistlichen, die als erste den professionellen Umgang mit dem Geist des Weines beherrschten. Der süße Rotwein, den die Klosterbrüder herstellten, war den Engländern, die im 17. Jahrhundert nach einer Handelskrise mit Frankreich den Import der Weine aus dem Douro-Tal begannen, auch als »Priests Port« bekannt. Auf der Suche nach Ersatz für ihren geliebten französischen Bordeaux wichen sie auf die portugiesischen Weine aus. Dann, so geht die Sage, mischten die Importeure dem nach England verschifften »Portugal Red« etwas Brandy bei, um ihn für die Schiffsreise besser haltbar zu machen. So entstand aus dem ohnehin süßen Rotwein ein weitaus stärkeres Getränk, und das Rezept für den heutigen Portwein, die Beimischung von stärkerem Alkohol während der Gärung, war erfunden. Ausgerechnet die zwei Lebensmittel, für die Portugal weltbekannt ist, waren also aus Notlösungen zur längeren Haltbarkeit auf See entstanden: *bacalhau* und *vinho do Porto*.

Die Beimischungen zum Wein hatten vor der Gründung der bereits erwähnten Monopolgesellschaft in der ersten Hälfte des 17. Jahrhunderts jedoch ein bedenkliches Ausmaß erreicht. So berichtet John Croft, Sproß einer der ältesten englischen Portwein-Dynastien, 1788 in seinem »Treatise on the wines of Portugal«, es sei damals so weit gekommen, daß man den Weinen Holunderbeeren beimischte, um einerseits eine schöne Farbe zu erhalten und andererseits den billigen Fusel geschmacklich abzufedern, den man während der Gärung zugesetzt hatte. Erschwerend kamen noch Zucker, Pfeffer und der damals als Ochsenblut verschriene spanische Rotwein hinzu. So daß Croft resümierend feststellt, man habe die

Reinheit, den guten Ruf und den Glauben an die Qualität der Weine aus dem Douro-Tal leichtfertig aufs Spiel gesetzt, um großen Profit zu erzielen. Die Weine, so Croft, erreichten England bis zur Mitte des 18. Jahrhunderts zunehmend »devoid of taste, body, colour or goodness of any kind«, was dazu führte, daß man nicht nur alle möglichen Weine dem Blendertropfen vorzog, sondern jedes andere Getränk überhaupt.

Das hatte den Niedergang zur Folge, welchen der Marquês de Pombal mit seiner Monopolgesellschaft stoppen konnte. Die Engländer jedoch blieben bis heute neben den Portugiesen die wichtigsten Portweinhändler, und ein kurzer Blick von der Altstadt Portos aus auf das gegenüberliegende Ufer von Vila Nova da Gaia zeigt eine Portweinkellerei neben der anderen, was besonders abends, wenn die bunten Neonschriftzüge den Hügel rot, grün, gelb und weiß leuchten lassen, ein beeindruckendes Abbild der Portweinlandschaft ergibt. Bemerkenswert, daß ausgerechnet das älteste Portweinhaus mit dem schönen Namen *Kopke* 1638 von einem Deutschen gegründet wurde. Die Einfuhr geschieht noch heute in der Regel durch Handelshäuser in den alten Hansestädten Bremen und Hamburg.

Gegenwärtig werden jährlich 800 000 Hektoliter Port produziert, und ausgerechnet Frankreich, dereinst indirekt für die Entstehung der Nachfrage verantwortlich, führt die Liste der Konsumenten vor Holland und Portugal an. Freilich, so verriet ein Händler, trinken die Franzosen vorwiegend ziemlich miesen Ruby-Port aus dem unteren Douro-Tal. England rangiert vor Deutschland nur noch an fünfter Stelle. Vor allem nach den speziellen Luxusprodukten wie Late Bottled Vintage, Vintage Character, zwanzig und dreißig Jahre altem Port und dem unübertroffenen Jahrgangsport steigt die Nachfrage kontinuierlich. In Portos bestem Hotel, dem traditionellen *Infante de Sagres*, wurden wir an einem nebligen Nachmittag im opulent ausgestatteten, über sieben Meter hohen Speisesaal einmal Zeugen der aufwendigen Prozedur, mit der ein solcher Methusalem-Port serviert wird. Der weiß livrierte Kellner kam mit einer glühend heißen Portzange aus der Küche, um den *Niepoort* Vintage 1966 zu öffnen. Da die Korken durch die lange Lagerung oftmals porös und brüchig werden, benutzt man die selten gesehenen Instrumente zum vorsichtigen Köpfen des Flaschenhalses. Ein Zischeln, ein Klonk, und die Flasche war offen und konnte dekantiert werden. Das rostrote flackernde, fast sehr dunklem Quittengelee farblich gleichende Elixier goß der Kellner so vorsichtig in das Kristallgefäß, daß es des Stückes Musselintuch über der Öffnung kaum bedurft hätte. Auch gilt abgesehen von jüngeren Weinen zumeist die Devise, daß der Port nach dem Dekantieren möglichst umgehend, aber spätestens innerhalb der nächsten vierundzwanzig Stunden getrunken werden sollte. Eine Erfahrung, die ich, wie erwähnt, ja bereits unwissentlich mit der ersten Flasche Portwein meines Lebens gemacht hatte. Die desinteressierte Miene des Kellners, als er uns den ersten Schluck zum Probieren offerierte, stand in krassem Widerspruch zu dem Geschmack. Es war nicht in Worte zu fassen. Nachdem er unsere Zufriedenheit bemerkt hatte, plazierte er die Überreste der Enthauptung auf einen Servierwagen, legte vorsichtig die noch heiße Zange in die Mitte und verschwand wieder in der Küche. Für Etikettensammler fatal: Die Niepoort-Flaschen werden direkt auf dem Glas bedruckt, und außer zwei zerbrochenen Teilen und dem Korken bleibt nichs übrig als die Erinnerung.

Die am schnellsten wachsende Klientel für teure Vintages sind die ansonsten so gesunden Amerikaner. Für ihren Markt wird beispielsweise von der Firma *Rozès* ein Portwein hergestellt, der als Tischwein zum Essen empfohlen wird. Auch wenn man Churchills berühmte Feststellung »A Port is always a Port« berücksichtigen will, erscheint uns dieser Vorschlag als in hohem Maße kopfschmerzverdächtig.

Es ist gewiß der seit den neunziger Jahren ansteigenden Rückbesinnung auf traditionelle Werte zu verdanken, daß vor allem die kleinen Quintas mit hohem Qualitätsanspruch an Interesse gewonnen haben. Dirk Niepoort, der jüngste Sproß einer alten portugiesisch-holländischen Portwein-Dynastie, mag auf den ersten Eindruck etwas verwegen wirken. Seine langen Locken und die von seriösen Konkurrenten manchmal argwöhnisch beäugte Leidenschaft für Motorräder lassen nicht vermuten, daß die von ihm hergestellten Portweine und Douros zu den besten der Welt zählen. Die Perfektion, mit der er dieses Ziel verfolgt, unterscheidet ihn von den Labelverwaltern der multinationalen Konzerne. Auch beim Portwein ist die große portugiesische Tugend der Geduld, der *paciência*, gefragt, wenn es darum geht, den richtigen Zeitpunkt der Ernte abzuwarten. Immer wieder beginnen die Weinbauern aus Furcht vor einem vorzeitigen Wetterumschwung die Ernte zu früh, und es bedarf einer großen Gemütsruhe, auf die Laune der Sonne zu vertrauen und den Trauben, wie Rilke formulierte, »noch zwei südlichere Tage« zu gönnen: »Dränge sie zur Vollendung hin und jage die letzte Süße in den schweren Wein.« Diese fast literarische Einstellung treibt auch Dirk Niepoort um, der mit kindlicher Begeisterung von seinem

97er Vintage schwärmt, er sei der Beste, den er je gemacht habe.

Bereits mein erster Besuch in Portugal konfrontierte mich mit einer Grundregel, was die Getränke anbelangt. Ausgesprochen wurde sie von einem renommierten Literaturprofessor der Universität Coimbra, der mir bei einem Abendessen, auf die beiden auf dem Tisch befindlichen Flaschen deutend, verriet: Nur zwei Getränke sind in Portugal genießbar, Wasser und Wein. Wie zutreffend diese Aussage war, stellte ich fest, als ich einige Tage später im Supermarkt importierte Granini-Fruchtsäfte für fünf Mark die Flasche entdeckte und nach Ersatz suchte. Das völlig überzuckerte Fruchtsaftkonzentrat nebenan im Regal, das ich dann zur Kasse schleppte, wurde mir von der wohlmeinenden Kassiererin mitleidig wieder abgenommen. Das können Sie nicht trinken, meinte sie. Das wollen Sie nicht trinken, fügte sie hinzu. Sie hatte wohl dank meiner brachialen Aussprache erkannt, daß ich neu im Land war, und wollte mir den Genuß dieses Plombenziehers ersparen.

Wie heilsam das vom Professor empfohlene Wasser ist, wenn man es unter Ausschluß der ortsüblichen Hochprozentigen immer nur abwechselnd mit Wein zu sich nimmt, erschloß sich nach einigen Wochen stringenter Praxis. Die Luzidität lusitanischen Denkens bescherte mir bei der Pessoa-Lektüre Momente im bierseligen Deutschland nie gekannter philosophischer Tiefe und Weitsicht.

Wie schnell diese sich aber auch wieder verflüchtigen kann, bewies ein literarischer Abend in einer der linksorientierten Studentenverbindungen unterhalb der Mauern der Universität Coimbra. Gewiß, es erschien mir von Beginn meines Sprachkurses an etwas makaber, daß an deren Häusern schwarze Flaggen mit weißen Totenköpfen wehten. Aber mit dem übertraditionalistischen Gebaren der anderen, den in schwarze Capas gehüllten Großgrundbesitzersöhnen, die manchmal nachts mit lodernden Fackeln durch die Altstadt zogen, wollte ich erst recht nichts zu tun haben. Daher entschied ich mich, an diesem Abend die schmale Treppe des baufälligen Verbindungshauses hinaufzusteigen, bei der jede zweite Stufe fehlte. Im oberen Stockwerk waren neben einem Poster von Che Guevara mehrere Kerzen aufgestellt, davor saß ein bärtiger Literaturstudent und rezitierte lakonisch in genuscheltem Französisch aus Baudelaires Prosagedichten »Le Spleen de Paris«.

Die passende Flasche dazu stand auf dem wackligen Holztischchen neben ihm. Sie schimmerte sonderbar blau und enthielt ein Getränk, das im hinteren Teil des Raumes auf einer Flamme von den Verbindungsstudenten erwärmt wurde.

Nie hätte ich gedacht, daß der Treibstoff der französischen Symbolisten, unter dessen Einfluß auch Chaïme Soutine seine verwegenen Farbphantasien auf die Leinwand gepfeffert hatte, im 20. Jahrhundert noch existent sein könnte. Eine hübsche Studentin im Psychedelic-Shirt mit Indianerzöpfen drückte mir sanft, aber bestimmt ein riesiges Glas mit dem gerade erhitzten Getränk in die Hand. Sie sagte *à tua*, auf dein Wohlergehen, und verschwand in der Küche. Absinth? War das nicht eine Art mit Wurmholz versetzter Pernod, dessen psychoaktive Wirkung einen in das Land der Verwegenheit entführte? Ich sah mich in dem hölzernen Zimmer um, mein Blick ging an den morschen Antiquitäten entlang, und mir war eigentlich sofort klar, daß das Getränk, *caseiro*, hausgemacht sein mußte. Also trank ich. Es schmeckte wie Zahnputzwasser mit Anisaroma. Während »La chambre double« versuchte ich, mich ungesehen aus der Lesung zu stehlen.

Ich stand leise auf, verbeugte mich entschuldigend in Richtung des Lesers und verließ den Raum. Als ich im Untergeschoß vorbeiging, wo aus einem Kassettenrecorder ein Velvet-Underground-Stück schepperte, sah ich die Squaw wieder. Sie hatte die Arme ausgebreitet, schaute die

Decke an und drehte sich gedankenverloren um sich selbst. Ein kurzer Blick auf das wabernde Muster ihres sich drehenden T-Shirts machte mir klar, daß ich schleunigst das Haus zu verlassen hatte, um frische Luft zu schnappen. Draußen ging es rapide abwärts, auch räumlich gesehen. Auf den legendären *quebra costas*, den Rückenbrechertreppen, sauste ich dem Mondego entgegen, immer schneller. Unten landete ich, bevor ich den Fluß auch nur erahnen konnte, in den Armen einer zahnlosen Alten, die mich auffing und laut zu lachen begann. Entsetzt deklamierte ich die einzigen Worte, die mir an diesem Abend noch geblieben waren, den Schlußvers Baudelaires: »Vorwärts! Alter Narr! Schwitze, Sklave! Lebe, Verdammter!« Dann wurde es Nacht.

Am nächsten Morgen konnte mich nur ein starker Kaffee wieder ins Leben zurückholen. Insofern mußte ich schnell meinem Professor widersprechen. Das dritte Getränk, ohne das man in Portugal nicht leben sollte, ist Kaffee. Und zwar nicht die dünne Filterplörre, die man in Mitteleuropa unaufgefordert serviert bekommt, sondern nach österreichischer Rezeptur zubereiteter Bohnenjus, wie ihn die subtilen Schweizer nennen: heiß wie die Hölle, süß wie die Liebe und schwarz wie die Nacht. Dank des direkten Imports aus dem Mutterland Brasilien und italienischer Maschinen ist es den Portugiesen möglich, den besten Kaffee der Welt zu servieren. Vergessen Sie Cappuccino und Espressi macchiati. Es genügt bereits der erste Schluck eines beiläufig auf die Theke gestellten *café curto*, und man weiß, mit welchem Kaffee Balzac die 91 Romane und Erzählungen seines Lebenswerks »Die menschliche Komödie« in Portugal noch hätte verdoppeln können.

Nach dem Kaffee fühlte ich mich stark genug, den Gründen meines nächtlichen Erlebnisses auch intellektuell nachzugehen. In der Bibliothek fand ich in einer verstaubten Enzyklopädie die Merkmale des in Portugal unter Literaturstudenten offenbar verbreiteten *absintismo*: Es gab sogar ein Adjektiv mit dem Namen *absintado*, das mit Bedeutungen wie »gepeinigt«, »geschunden«, »verängstigt« oder einfach nur mit »bitter« übersetzt war. Wie wahr.

Die Vielfalt und Stärke des portugiesischen Kaffees, so wurde mir klar, war einfach notwendig, um die nächtlichen Exzesse am nächsten Tag wieder auszugleichen. Der im Glas servierte *galão* ähnelt dabei noch am ehesten dem mitteleuropäischen Milchkaffee. Komplizierter wird es bei den vielen Sonderbezeichnungen. In Lissabon beispielsweise nennt man den gängigen kleinen starken Espresso *bica*, andernorts einfach *café*. Hartgesottene bestellen in heiklen Lebenslagen *uma bica curta*, die sofortige Wirkung ist mit dem Begriff Herzrasen noch harmlos umschrieben. Wer nur ein ganz klein wenig Milch in den Kaffee haben will, kommt in den zweideutigen Genuß, beim Kellner einen »dunklen kleinen Jungen« ordern zu können, *um garoto escuro*. Die Mengen, in denen die Portugiesen Kaffee zu jeder Tages- und Nachtzeit zu sich nehmen, machen es schwer, an einen geregelten Schlaf jedweder Art glauben zu können.

Ich wandte mich also wieder den Weinen zu. Zugegebenermaßen hatte ich vor meinem ersten Portugal-Besuch abgesehen vom Portwein nicht viel Hoffnung in die dort erhältlichen Weine gesetzt. Wußte ich doch bis dato nur von den bauchigen Frankenweinflaschen mit halbsüßem Mateus Rosé, welche die Freundinnen meiner Großmutter immer von den Butterfahrten mitgebracht hatten. Bereits am ersten Abend machte ich jedoch die Bekanntschaft mit einem geschmackvollen Renaissance-Maler, den ich während meines Kunstgeschichtsstudiums nur als subtilen Ausstatter von Kirchen schätzen gelernt hatte: Grão Vasco. Der berühmte Künstler in flämischer Tradition, Vasco Fernandes, den man vor allem als den »großen Vasco« bezeichnete, steht nämlich auf Flaschenhälsen Pate für einen der größten Rotweine aus der Dão-Region.

Die Rotweine überhaupt, die in Mitteleuropa gerade als Import entdeckt werden, verdienen höchste Aufmerksamkeit. Bei einem Besuch der *Quinta da Rosa* im oberen Douro-Tal lernten wir die alte Winzerfamilie Bergqvist kennen, die neben der Herstellung von Port, Tafelwein und Olivenöl auch einige Zimmer ihres alten Landgutes an Weinreisende und andere Connaisseure vermietet. Der eichenfaßgereifte 96er, dessen Reben aus ehemaligen Portweinlagen stammen, zählt zu den köstlichsten Weinen, die ich je getrunken habe. Auch verläßt der Wein wie in vielen der kleineren Güter die Quinta nicht, um zu reifen, sondern wird unter während der glühendheißen Sommermonate teilweise komplizierten Kühlungsverfahren vor Ort in alten Holzfässern gelagert. Während uns Tim Bergqvist, dessen Familie sich bereits seit dem frühen 19. Jahrhundert dem Portweinhandel verschrieben hatte, das Prozedere der Portweinherstellung geduldig erklärte, kamen wir zu einem Doppelsteinbecken, das Spuren von dunkelroten Farbresten zeigte.

Waren es Steinreste der Stadtmauer von Porto, an denen noch das Blut der »Tippler's Revolt« gegen die Weinverordnungen Pombals im 18. Jahrhundert klebte? I wo, winkte Bergqvist mit seinen schwedenblauen Augen ab, strich sich die längeren glatten grauen Haare hinter das Ohr und grinste: Bei den beiden Becken handele es sich um *lagares*, eine Vorrichtung zur Trampelkelter, die nach der Weinernte immer so viele Teilnehmer erfordere, daß auch aus umliegenden Dörfern die Menschen vorbeikämen, um zu helfen. Da die Geschichte mehrere Tage dauere, so Bergqvist, und die Weintrauben auch nachts nicht zur Ruhe kommen dürften, werde in Schichten gestampft, was aus der notwendigen Prozedur regelmäßig eine große Party entstehen ließe, an der sich die ganze Familie beteilige. Das Verfahren, so erklärte der Winzer, die Hälfte der Ernte auf diese Weise zu Most zu verarbeiten, sei der vollständigen maschinellen Kelter weitaus überlegen, da die Füße schonender vorgingen und nicht dazu in der Lage seien, die Schalen, Kerne und Stiele der Trauben vollständig zu zertreten, was dem späteren Wein ein viel sanfteres Aroma gebe. Seit in Deutschland an ausländischen Rotweinen neben Chianti und Bordeaux auch Navarra aus Spanien, Cabernet Sauvignon aus Chile und Zinfandel aus dem Napa Valley beachtet und getrunken werden, gibt es als begrüßenswerte Erscheinung auch häufiger portugiesische Rotweine im Weindepot des Vertrauenshändlers. Besonders hervorzuheben ist ein wunderbarer Douro von Portwein-Spezialist und Motorradfahrer Dirk Niepoort mit dem sprechenden Namen ›Fabelhaft‹. Das Etikett ist bereits ein

Hochgenuss, eine Art Briefmarkensammlung mit Zeichnungen aus Wilhelm Buschs Fabel vom Nimmersatttrinkerraben namens Hans Huckebein. In der Flasche selbst sind Rebsorten aus der schönen Gegend um Pinhão wie Touriga Franca, Tinto Cão und Tinta Barroca. Niepoort steht mit seinem herausragenden *Fabelhaft* (den Jahrgang 2009 kürte die *Weinwirtschaft* zum »Rotwein des Jahres 2011«) für eine Önologie, die sich auf Richard Wagners Kunstbegriff berufen könnte. Hier Niepoort selbst: »Die Tradition und die Kunst des Douro ist es, Weine mit unterschiedlichen Eigenschaften so zu vermählen, dass daraus ein besonders komplexes und interessantes Gesamtwerk entsteht«. Dem ist nichts hinzuzufügen.

Wer auch in Portugal Bier trinken will, ist nicht hoffnungslos verloren. Sowohl das vermeintlich nach Touristen aus Deutschland schielende *Superbock* als auch das Bier aus dem Süden, *Sagres*, sind an heißen Tagen trinkbare Alternativen zum schwereren Wein. Der Weltmacht des Barbarengebräus wird möglicherweise mit der Bezeichnung für gezapftes Bier Tribut gezollt: *uma imperial* heißt es dann an der Theke. Und wer es übertreiben und literweise trinken will, muß sich etwas länger machen und bestellt *uma girafa*. Der Zustand, in dem man sich danach befindet, ist geistlicher Natur.

Beten

> Ich bin zu einer Zeit geboren worden, in der die Mehrheit der jungen Leute den Glauben an Gott verloren hatte, aus dem gleichen Grund, aus welchem ihre Vorfahren an Gott geglaubt hatten – ohne zu wissen, warum.
>
> *Fernando Pessoa*

Braga betet, Porto arbeitet, Coimbra singt, und Lissabon feiert, so sagt man. Diese zugegebenermaßen etwas pauschalisierende Umschreibung des jeweils liebsten Zeitvertreibs in diesen Städten deutet bereits auf ein markantes Nord-Süd-Gefälle der Kirchentreue hin. In der Tat besucht im kommunistisch geprägten Alentejo bis heute laut

Statistik nur jeder zwanzigste die Sonntagsmesse. Überhaupt ist die Anzahl praktizierender Christen in Portugal weitaus geringer, als es der hohe Anteil an Katholiken (mindestens 95 Prozent) vermuten ließe.

Im Norden ist man augenscheinlich gläubiger, Marienverehrung und die Anbetung unzähliger Heiliger für jegliche erdenkliche Eventualität des Lebens (zum Beispiel Gesundheit des Viehs, Rettung Schiffbrüchiger oder das schier unvorstellbare Wiederfinden verlorener Objekte) gehören zum Alltag der Menschen. Ein historisch motivierter Erklärungsversuch für diese Tatsache ist, daß nach dem Einfall der Mauren im 8. Jahrhundert der Norden Portugals im Zuge der *reconquista cristã* bereits ein Jahrhundert später und so viel früher als der Rest des Landes wieder in christliche Hand geriet.

Man begegnet jedenfalls im Norden den bizarrsten Glaubensformen, bei denen Aberglaube und christlicher Glaube kaum noch voneinander zu trennen sind. Auf einem Berg über Ponte de Lima, einer kleinen Stadt in *Trás-os-Montes*, steht eine winzige Kapelle, die zu Ehren des *São Ovido*, des Heiligen des Ohrs, errichtet wurde. Die Wände sind mit wächsernen Ohren ausgekleidet, die dem Heiligen von den Gläubigen dargeboten werden, entweder als Dank für eine überstandene Ohrenkrankheit oder in der Hoffnung auf Heilung einer solchen. Diese Kapelle stellt keineswegs eine Ausnahme dar, selbst in Kirchen sind mit wächsernen Gliedmaßen aller Art dekorierte kleine Räume zu finden.

In *Trás-os-Montes* gibt es auch einen Analphabeten, der als Reinkarnation eines Arztes aus dem 16. Jahrhundert regelmäßig in Trance verfällt, währenddessen Wunder bewirkende Rezepte auszustellen vermag und durch Handauflegen gefährliche Krankheiten heilt. Man kennt eine Straße, auf der die Erdanziehungskraft aufgehoben zu sein scheint, so daß man bei ausgestelltem Motor und gelockerter Handbremse bergauf rollt. Auf dieses allen physikalischen Gesetzen widersprechende Phänomen wurde zufällig ein Anwohner aufmerksam, der sein geparktes Auto hinter der Kurve einige Meter weiter bergauf wiederfand. Es existieren geheime Bücher, bei denen der Lesende – vorausgesetzt, er liest rückwärts – über dem Boden zu schweben beginnt. Die Reihe ließe sich endlos fortsetzen.

Eine große Anzahl von religiösen Festen werden nicht nur im Norden, sondern auch im Rest des Landes mit großer Begeisterung begangen. Neben den traditionellen christlichen Festen Weihnachten und Ostern findet das größte im Juni in Lissabon statt: zu Ehren der sogenannten Volksheiligen, der *Santos Populares*, *Santo António*, *São João* und *São Pedro*. Höhepunkt dieser Festlichkeiten sind der 12. und 13. Juni zu Ehren des beliebtesten aller Heiligen: *Santo António*. Die Altstadt Lissabons verwandelt sich in einen einzigen Sardinengrill, Menschen springen über kleine Freudenfeuer, und Heiratswillige können in einer von der Stadt organisierten und bezahlten Zeremonie in der Kirche des heiligen António, mit anschließendem Empfang im Garten des Rathauses, heiraten. Denn *Santo António* ist neben vielem mehr eben auch der Schutzpatron der Liebesheirat. Darüber hinaus hat jedes Dorf in der Regel seinen eigenen Heiligen und Schutzpatron, und der Jahrestag zu dessen Ehren mündet nicht selten in ein einwöchiges Fest, mit Prozession, Essen, Musik und Tanz.

In Mittelportugal befindet sich eine der fünf größten Wallfahrtsstätten der katholischen Welt: Fátima. Dort kommen zweimal im Jahr am jeweils 12. und 13. des Monats Mai und Oktober über 100 000 Gläubige aus aller Welt zusammen. Viele Pilger aus Spanien und Portugal legen weite Wege zu Fuß zurück, ganze Menschenströme bevölkern dann die nach Fátima führenden Straßen.

Das Geschick eines solchen Pilgers beschreibt eine portugiesische Sage, auf die der Hahn von Barcelos, weltbekanntes Wahrzeichen Portugals, zurückgeht: Ein Pilger kam nach Barcelos, einer kleinen Stadt im Norden Portugals, und geriet in schlechte Gesellschaft. Er wurde verdächtigt, Silber aus dem Palast gestohlen zu haben. Und obgleich er seine Unschuld beteuerte, wurde er zum Tode verurteilt. Ein letzter Wunsch wurde ihm gewährt; so durfte er noch einmal beim obersten Richter vorsprechen, der gerade am Mittagstisch vor einem gebratenen Hahn saß. Der Pilger rief in seiner Not: »So wahr wie dieser Hahn krähen wird, so wahr bin ich unschuldig!« Das Wunder geschah, der Hahn hob seinen Kopf und krähte laut und vernehmlich. Der Pilger durfte weiterziehen. Diese Geschichte machte den Hahn in Portugal zum Glückssymbol. Aus Ton geformt und mit bunten Farben bemalt, schenkt man ihn allen, denen man Gutes wünscht.

Zurück zum nicht minder legendären Fátima, einem Ort, den der Papst bei einem Besuch den »Altar der Welt« nannte. Die Geschichte von Fátima ist die Geschichte dreier Hirtenkinder, Lúcia (10), Francisco (8) und Jacinta (7), die am 13. Mai 1917 und in den darauffolgenden Monaten die Erscheinung der Jungfrau Maria erlebten, worauf sich im gleichen Jahr 70 000 Menschen dort einfanden und schworen, ebenfalls die *Nossa Senhora do Rosário* erblickt zu haben. Nur Lúcia konnte die Muttergottes hören, und in insgesamt sechs Erscheinungen verriet diese dem Kind drei große Geheimnisse. Das erste Geheimnis prophezeite den frühen Tod der beiden anderen Kinder (1919 und 1920), das zweite das Ende des gegenwärtigen Kriegs (Erster Weltkrieg), den Beginn eines weiteren, noch schlimmeren Kriegs und – kontroverseste aller Botschaften – den Fall des Sowjetreiches mit anschließendem Frieden. Die letzte Prophezeiung war lange nur dem Papst und Lúcia bekannt und daher Anlaß zu wilden Spekulationen, wie etwa der, daß darin der Weltuntergang angekündigt sei. Vor kurzem wurde das letzte Geheimnis gelüftet: Die dritte Botschaft der Jungfrau Maria sagte das Papstattentat voraus, welches exakt am Jahrestag von Fátima geschah.

1930 wurden die lange umstrittenen Erscheinungen von der katholischen Kirche offiziell für glaubwürdig erklärt. Man errichtete eine neubarocke Basilika, vor der sich die Pilger nun zweimal im Jahr auf einem großen Platz einfinden. Bei der abendlichen Messe verwandelt er sich in ein beeindruckendes Lichtermeer. Bei den Feierlichkeiten in Fátima erlebt man ergreifende Szenen eines inbrünstigen Glaubens, des Flehens um Gnade und Hilfe in der Not. Die Pilger kriechen, den Rosenkranz in der Hand, Gebete murmelnd, auf Knien der Basilika zu, alte Menschen haben ihre aufgeschürften Knie mit Tüchern umwickelt und werden von anderen Gläubigen gestützt. Per aspera ad astra, wußte bereits der Lateiner.

Der Glaube versetzt Berge, so heißt es, aber die Hände der Portugiesen vor allem in unbeschreibliche Geschwindigkeit. Für Novizen unter den Kirchenbesuchern ist es daher nicht leicht, den Portugiesen beim Bekreuzigen zu folgen. Zunächst kann man nur erahnen, was hier geschieht. Viermal hintereinander wird mit der Hand das Kreuz bedeutet: Erst vor der Stirn (für gute Gedanken), danach vor dem Mund (für gute Worte), dann vor der Brust (für gute Gefühle). Und am Ende bekreuzigen sie sich noch einmal in voller Länge und Breite von der Stirn über die Schultern bis zum Bauchnabel.

Wer wissen will, wie es um das Böse bestellt ist, sollte hingegen einmal versuchen, in Portugal ein altes Landhaus ohne die üblichen Steinumrahmungen der Fenster, ohne *cantarias*, zu restaurieren. Die besorgte Empörung unter den gläubigen Nachbarn überzeugt sehr schnell vom Gegenteil. *Cantarias* dienen nämlich, so verriet mir ein Steinmetz, dazu, allen bösen Geistern das Eindringen in das Haus zu verwehren. Wer wollte aber leben ohne ihren Schutz?

Fußball

So grüßt jeder im Schlamm der Bäche den Sieg, den niemand erringen kann, und von dem er übrigblieb wie Brosamen neben den Flecken auf dem Tischtuch, das man vergessen hat auszuschütteln.

Fernando Pessoa

Das Wort Sport kann man in Portugal eigentlich streichen und durch Fußball ersetzen. Und Fußball ist zugleich mehr als ein Sport, er ist eine Glaubensfrage. Die Landeskirche des Fußballs ist bitter entzweit, und wie immer, wenn zwei sich streiten, freut sich der Dritte. Es ist die Rede von den Konkurrenzclubs Benfica und Sporting Lissabon. Der außenstehende Gewinner in diesem Hahnenkampf ist in letzter Zeit vermehrt der F.C. Porto. Achtmal holte der Verein aus der arbeitsamen Stadt im Norden den Meistertitel nach Hause und stellte so seinen Anspruch auf die Führungsrolle unter Beweis. Die arroganten Lissaboner hätten sich eben zu lange auf ihren Lorbeeren ausgeruht, so heißt es im arbeitsamen Porto, und hingen nun beim Entstauben der Meisterschaftspokale lediglich ihrer glorreichen Vergangenheit nach.

Die treue Ergebenheit zu einem der drei Vereine ist aber auch für Portugiesen, die nicht in Porto oder Lissabon wohnen, erste Bürgerpflicht. Selbst Bewohner der Algarve oder des Alentejo sind auf diese Weise Teil des Fußballdreigestirns und verfolgen das Schicksal ihres Lieblingsvereins mit unglaublicher Passion. Familiendramen spielen sich ab, wenn etwa die Tochter mit der Tradition der Anhängerschaft für Sporting bricht und eines Tages als *benfiquista* nach Hause kommt. Es mag auf der Welt an einem Tag viel Außergewöhnliches geschehen, aber wenn der Trainer von Benfica gefeuert wird, fängt die Nachrichtensendung abends schon einmal mit einem zwanzigminütigen Ausschnitt aus seiner Pressekonferenz an. Gefolgt von einer ausführlichen Analyse seines Vortrags.

Ähnlich subtil verfährt die stundenlange Fußballsendung *Donos da bola*, in der selten die Fußballer selbst, um so häufiger aber die Funktionäre der Vereine sich in endlosen Diskussionen über Fußnoten des Sports ergehen. Kein Drama des Lebens ist schlimmer als die aktuelle Krise des Lieblingsvereins. Und es gibt kaum einen Verein, der sich nicht in der Krise befindet. Wenn einmal keine Krise da ist, kann man sich schließlich immer noch über die Fehlentscheidung eines Schiedsrichters in der zweiten Halbzeit aufregen und diesen dann trotz eines errungenen Sieges kräftig ausbuhen.

Die Skandale und der Klatsch über die Vereine sind im öffentlichen Leben Portugals von solcher Wichtigkeit, daß man sich fragt, worüber die Menschen reden sollten, wenn es den Fußball plötzlich nicht mehr gäbe. Man glaubt an den Fußball, an den Erfolg der portugiesischen Nationalmannschaft, obwohl man weiß, daß sie aller Wahrscheinlichkeit nach wieder nicht ins Finale kommen wird. Und das, obwohl sie den schönsten Fußball Europas spielt, aber eben nur spielt. Es heißt, die Portugiesen seien die ästhetisch und technisch besten Spieler auf dem Rasen, die »Brasilianer Europas«, allein, sie vergessen dabei, die Tore zu schießen.

Nur so ist es auch zu verstehen, daß die Nationalmannschaft im entscheidenden Moment stets versagt hat und der Glaube an den Fußball im

Spielverlauf selbst eine metaphysische Qualität bekommt: Der Sieg rückt in den Hintergrund, weil man nicht mehr mit ihm rechnet. Gewinnt die Mannschaft trotzdem einmal, folgt die zu erwartende Überhöhung. Dann spricht die Zeitung am nächsten Tag beispielsweise von einem »historischen Sieg auf magischer Erde«, weil die Portugiesen während der letzten Europameisterschaft schon einmal im gleichen Stadion gewonnen hatten. Volle neun Seiten wird dann das Spiel nach allen Regeln der Kunst minutiös auseinandergenommen, mit Einzelkommentaren zu den Spielern, Zitaten von den Männern in kurzen Hosen auf dem Platz, Spielszenenanalysen und diffusen Statistiken der unerschöpflichen neunzig Minuten.

Wie wenig Einfluß das tatsächliche Ergebnis eines Spiels oder Turniers auf die Einschätzung der begeisterten Fußballanhänger hat, konnte man nach dem Halbfinale der Europameisterschaft 2000 beobachten. Als die Nationalspieler in Lissabon ankamen, wurden sie mit Begeisterung als die eigentlichen Gewinner, »unsere Europameister«, gefeiert. Die Zeitungen leisteten seelischen Beistand: »Weine nicht, Portugal!« war zu lesen und vom »Ende einer denkwürdigen EM-Teilnahme«. Der Stolz kam nicht von ungefähr. Wurde das Land doch zum ersten Mal Zeuge, daß seine Stars nicht nur schön spielten, sondern auch genügend

Tore machten. Aber die neue Offensivität von Luis Figo, Rui Costa und ihren Mitspielern führte ausgerechnet in der entscheidenden Verlängerung zu unglücklichen Aktionen.

Der Schuß eines Franzosen auf das portugiesische Tor traf die Hand des blondierten Abel Xavier und ging von dort direkt ins Aus. Der von Zidane verwandelte Elfmeter für den portugiesischen Spieleingriff im Strafraum führte neben dem entscheidenden Tor, dem 2:1 für die Sieger aus Frankreich, auch zu erhitzten Reaktionen unter den portugiesischen Spielern. Rote Karten folgten, der junge Stürmerstar Nuno Gomes mit seinem jugendlich rebellischen Stirnband verließ wutentbrannt den Platz, und bald witterte man ein »Komplott« des Europäischen Fußballverbandes, der UEFA. Nach ihrem Willen, so Figo, sei auf diese Weise verhindert worden, daß ein zu kleines Land ins Endspiel komme. Obwohl Kamerabilder das Anspielen der Hand von Abel Xavier eindeutig bewiesen, blieb Figo bei seinem Manipulationsverdacht. Die »Sekunden, in denen unsere Sehnsucht starb«, so Nuno Gomes, reichten, um die alten Wunden aufzureißen, die Ungerechtigkeit der Welt auf ein neues bewiesen zu sehen. Das Schicksal im schwarzen Gewand eines vermeintlich unfähigen Schiedsrichters hatte wieder einmal besonders schwer zugeschlagen.

Wie bei der Weltmeisterschaft 1998, als natürlich ein Schiedsrichter beim Qualifikationsspiel gegen Deutschland schuld an der verpaßten Teilnahme war. Man zankt sich, alle zeigen auf den Buhmann, und schon ist wieder einmal völlig klar, daß Fußballer in Portugal einfach mehr sind als gutbezahlte Sportwerbeträger. Sie sind große Kinder, aber noch größere Kulturschaffende, deren Heldenhaftigkeit sie auf den Olymp entrückt wie sonst nur in Italien. »Jeder Spieler«, so schreibt der Lyriker Manuel Alegre, »ist in gewisser Weise ein Dichter, und das Spielfeld ist das weiße Blatt, auf dem er seine Seligkeit sucht, den Augenblick, in dem er die unglaublichste Täuschung vollbringt oder ihm das unvergleichliche Tor gelingt.«

Nun könnte man glauben, daß eine solche Passion zu ähnlichen menschlichen Entgleisungen führt wie das Phänomen der Hooligans in Nord- und Mitteleuropa. Aber weit gefehlt. Die Stadien bleiben oftmals halbleer, und das Verfolgen der Spiele vom heimischen Fernseher aus oder beim Abendessen im Restaurant läßt die Straßen Portugals bei wichtigen Spielen verwaisen. Nur hier und da sieht man alte Männer mit Transistorradios an den Ohren, die, den Kopf schüttelnd, den Bürgersteig entlangtrotten. Selbst beim heiligen Fußball verlieren die Portugiesen nicht ihre dezente Art.

Als ich einmal bei einem Abendessen mit meiner Begleiterin in einem Restaurant saß, wurden wir Zeugen dieses unglaublich angenehmen Umgangs mit dem Fußball. Ein Fernseher übertrug, wie dort überall im Süden Europas, von einer oberen Ecke des Raums aus ein Spiel der Nationalmannschaft. Der freundliche Ober verlor keinen seiner Gäste aus den Augen, obwohl er, wenn er gerade nichts zu tun hatte, das Geschehen auf dem Rasen verfolgte. Als dann Portugal in Führung ging, legte sich ein schmales Lächeln über sein Gesicht. Doch die Führung hielt nicht lange, und es gab ein Gegentor, was mit einem leisen Tststs kommentiert wurde. Und auch als das Spiel verlorenging, war außer einem müden Seufzer kein Laut aus seinem Mund zu vernehmen. Man hatte es schließlich kommen sehen. Ein paar Tage später wurden wir Zeugen des historischen Sieges auf magischer Erde gegen Holland. Lediglich die Überschrift der Fußballzeitung am nächsten Tag verriet Euphorie über die historische Leistung: Portugal fliegt – *Voa portugal.*

Aber auch die Gastgebermannschaft bei der Europameisterschaft 2004 hat der portugiesischen Equipe keinen Titel beschert. Sie verloren im ersten und letzten Spiel des Turniers gegen die siegreichen Griechen, indem sie einfach alle Fehler der Niederlage beim Auftakt im Endspiel wiederholten. Das hat zur Folge, daß die verheißungsvolle »Goldene Spielergeneration«, von denen viele gleich zweimal, 1989 und 1991, die Junioren-weltmeisterschaft gewonnen hatten, keine Chance mehr bekommen werden, bei einem großen Wettbewerb ihren Goldwert unter Beweis zu stellen. Sie haben den Glauben an sie schlicht enttäuscht.

Und schon immer ist Fußball nicht nur eine Glaubensfrage, er ist auch ein Politikum. Da man im Alltag nicht viel über Politik spricht, kommt dem Fußball eine Polarisierungsfunktion zu, wie man sie sonst nur vom Streit zwischen den Parteien kennt. Keine Spendenaffäre kann die Menschen so aufbringen wie die Steuerschulden von Benfica. Wenn ein Fußballer zu einem Club ins Ausland wechseln wollte, bedeutete das besonders unter General Salazar eine politische Krise ersten Ranges. Er verbot dem schwarzen portugiesischen Fußballgott Eusébio, zu Inter Mailand zu wechseln, und erklärte ihn kurzerhand zum Staatseigentum. Und kein Staatsmann wird je eine solche Verehrung erfahren wie der Präsident, der den F.C. Porto nicht nur zur portugiesischen Meisterschaft 2004 geführt, sondern im gleichen Jahr auch noch in den Olymp der Champions League-Sieger gehoben hat. Da fällt selbst der eine oder andere Bestechungsskandal nicht mehr ins Gewicht: »Gott im Himmel – Pinto da Costa auf Erden.« Nach dem Abtreten der Goldenen Generation muss ein Trainer als bedeutendster Fussballexport Portugals gelten: José Mourinho, genannt auch ›der Schöne‹, dessen innovative Methoden den FC Chelsea bereits zweimal hintereinander zum englischen Meister machten. Es heißt, er würde seine Spieler während der 90 Minuten mitunter über Funk und Verteilen von Zetteln zum Sieg führen. Das brachte ihm zwar so manche Platzsperre, aber auch Respekt bis hin zum FC Bayern ein. Die Erfolgsserie des smart ergrauten Fußball-Gents reißt auch bei Inter Mailand, wo er 2008 als neuer Spielmacher antrat, nicht ab: In nur drei Monaten holte er die *Coppa Italia* und strich den Gewinn der Serie A ein. José Mário dos Santos Félix Mourinho, wie er mit vollem Namen heißt, gelang mit *Forza Inter* in der Saison 2009 / 10 aber noch mehr, nämlich das sogenannte Triple: Meisterschaft, *Coppa* und Championsleague. Danach war ein Wechsel überfällig. Seit der Gentleman unter den Trainern bei Real Madrid die sportliche Leitung übernommen hat, lebt auch sein iberisches Temperament wieder etwas auf. Beim Finale des spanischen Supercups vergaß er sich, als Marcelo gegen den FC Barcelona nach einem Foul die Rote Karte sah, und zog, so wird es kolportiert, dem Assistenztrainer der Gegner am Ohr. Wer nicht hören will, muß eben immer noch fühlen.

Medien

Ihr großen Parks der anderen Leute, ihr Gärten für viele Benutzer, ihr wundervollen Alleen derjenigen, die nie Notiz von mir nehmen werden.

Fernando Pessoa

Das beliebteste Medium in Portugal ist das Fernsehen. Es ist auch zugleich das hintergründigste, denn es läuft zu Hause, in Restaurants, Cafés und Kneipen oft ohne Pause, steht dabei jedoch selten im Mittelpunkt. Eine Ausnahme hierbei bildet neben dem Fußball die große Obsession der Portugiesen: die brasilianischen *daily soaps*, sogenannte *telenovelas*. Es gibt mindestens drei davon pro Tag: eine morgens, eine nachmittags und die beliebteste abends nach den Nachrichten. Dies ist kein guter Zeitpunkt, um bei Leuten anzurufen oder unangemeldet vorbeizuschauen. Ein solcher Besuch kommt der Zumutung eines Banküberfalls gleich. Daher ist es in so einem Fall am besten, man setzt sich einfach hin und verhält sich ruhig. Dann passiert auch nichts.

Die Verzückung erreichte vor einigen Jahren ihren Höhepunkt, als die Portugiesen nur noch ins Kino gelockt werden konnten, wenn in einer Pause eine Zusammenfassung des aktuellen Geschehens der parallel ausgestrahlten *telenovela* geboten wurde. Selbstverständlich sind die Schauspieler dieser *telenovelas* Stars und werden in der Provinz als Attraktion zum Karneval eingeladen.

Die Tatsache übrigens, daß nur wenige der im Ausland eingekauften Filme, Dokumentationen oder Serien übersetzt werden, sondern im Original mit Untertiteln laufen, macht auch nationale Fernsehsender für Ausländer attraktiv. Besonders für diejenigen, die Portugiesisch lernen wollen.

Wie bei allen schlechten Drogen, dauert es auch bei den *telenovelas* nur kurze Zeit, bis man definitiv auf den Geschmack gekommen ist und nicht mehr davon loskommt. Wer einmal die zwei härtesten Wintermonate Januar und Februar bei einer portugiesischen Familie als Gast verbracht hat, weiß, daß es nur zwei Möglichkeiten gibt, sich im Hause vor einer sicheren Erkältung zu schützen: der Rückzug unter die Bettdecke in voller Kleidermontur oder der Aufenthalt im einzig beheizten Zimmer der Wohnung: dem Raum, wo der Fernseher steht. Dort wird man zunächst mißmutig, bald immer toleranter, und schon beteiligt man sich an den anschließenden Spekulationen über mögliche innere Kämpfe, Motivationen oder Fehler der Protagonisten. Eine Woche später, und man lernt deren Sprache und sonderbaren Humor schätzen, noch eine Woche später, und man ertappt sich dabei, die Dialoge der Stars zu memorieren, um sie dann selbst später beim Einschlafen nachzusprechen. Einen Monat später, und die Realität des Winters in einer für Portugal erstaunlicherweise immer noch typischen Wohnung ohne Zentralheizung ist durch den brasilianischen Seriennebel um einige Grad wärmer und unschärfer geworden. Obendrein hat man gutes Serienbrasilianisch gelernt.

Portugal hat vier offen ausgestrahlte Fernsehprogramme, zwei davon sind staatlich. RTP 1 (ehemals Canal 1) versucht, mit den privaten Sendern zu konkurrieren, indem man eine wohl sortierte Auswahl an britischen und amerikanischen *sitcoms* und Serien, den *telenovelas* zeigt, unterbrochen nur von Werbung und Nachrichten. So fährt man Geld ein, das auch gebraucht wird, um ein anspruchsvolles Bildungsprogramm mit Dokumentationen, klassischen Kinoformaten und E-Musik zu finanzieren. Noch dazu wird ausschließlich für kulturelle Veranstaltungen geworben. TV 2 besteht zu fast hundert Prozent aus Sport. Der private Sender SIC erlangte seine führende Position auf dem Markt, indem er, neben *telenovelas*, Serien über UFOs und Verbrechen, einfach sämtliche Sendungen ausstrahlte, die den Auftritt von nackten Menschen rechtfertigen, ob dabei im Hintergrund tanzende Gorillas zu sehen sind, eine Freikörperkolonie in Schweden thematisiert wird oder das fanatische Publikum wieder einmal die Kandidaten zum Entkleiden auffordert. Wo so etwas passiert? Wie überall: in einer dieser selbstzerstörerischen Sendungen für Menschen, die plötzlich keine Tabus mehr kennen, wenn es um Geld und Öffentlichkeit geht. Selbst der von der katholischen Kirche ins Leben gerufene zweite Privatsender TVI holte mit gewagten Serien wie »Baywatch« mächtig auf. Die Kirche steht ebenfalls hinter einem Radiosender mit dem sprechenden Namen *Rádio Renascença*, der neben dem Hörfunk auch über das Internet zu empfangen ist.

Obwohl Portugal mit 10,4 Prozent immer noch die höchste Analphabetenrate Europas hat, befindet sich die Printmedienbranche in einer scheinbar nicht enden wollenden Expansionsphase. Die höchsten Auflagen erzielen Sportmagazine wie die Fußballgazette *A bola*. Um hierbei mithalten zu können, bringen auch die anderen Blätter ausführliche Fußballnachrichten. Da sich Portugal im Zuge der EU und der Eurokrise vor allem um ökonomische Beweglichkeit und eine Rückkehr zum Aufschwung kümmert, werden inzwischen auch Wirtschaftsnachrichten mit sehr großem Interesse verfolgt. Politik dagegen reduziert sich außerhalb des Wahlkampfs oft auf das Wesentliche. Die zwei Parteien, die sich die Vormachtstellung im Lande teilen, beginnen mit den gleichen beiden Buchstaben. Dank der vermutlich durch die lange Herrschaft des Faschisten Salazar bewirkten skurrilen Linksverschiebung der parteipolitischen Landschaft Portugals ist die *Partido Social Democrata* (PSD) in etwa das Pendant der CDU in Deutschland. Ihre Wähler stammen traditionell aus Nord- und Mittelportugal samt den Azoren und der wohlhabenden Enklave Madeira. SPD-Wähler würden in Portugal wahrscheinlich die 1972 sogar im deutschen Exil gegründete *Partido Socialista* (PS) des derzeit amtierenden Ministerpräsidenten José Sócrates bevorzugen.

Auch auf dem Zeitungsmarkt teilen sich vorwiegend zwei Zeitungen die anspruchsvolleren Leser: Das Traditionalistenblatt *Diário de Notícias* mit hübschen alten Lettern in der Titelzeile bedient vorwiegend das konservativ-liberale Publikum, während aufgeschlossene Linksliberale lieber die buntere *Público* mit modernem Layout kaufen. Die Alternative zu den beiden Lissabonner Blättern kommt wie beim Fußball aus Porto, das alteingesessene nördlich-strenge *Jornal de Notícias*. Auflagenstärkste Konkurrenz ist das Boulevard- und Nachrichtenblatt *Correio da Manhã*.

Nirgendwo sind die Wochenzeitungen so umfangreich und dick wie in Portugal: *O Independente* oder *O Expresso* beispielsweise müssen daher in gesonderten Plastiktüten über den Tresen gereicht werden. Neben Sportzeitschriften haben aber vor allem Boulevard-Hochglanz-Magazine im Stil von *Bunte* oder *Gala* in Portugal Konjunktur. Dieser Zweig wird *Imprensa cor-de-rosa*, rosa Presse, genannt, und er bietet hauptsächlich Klatsch und Fotos des in Portugal eher kleinen Kreises von Stars und Adligen. Als die Verfilmung des wunderbaren Familienepos *Os Maias*, des großen Klassikers der portugiesischen Literatur des 19. Jahrhunderts von José Maria Eça de Queiroz, durch die Medien ging, war dies ein nationales Ereignis. Sämtliche Hauptdarsteller wurden ausführlich in der rosa Presse vorgestellt und mit geradezu hinreißender Aufmerksamkeit bedacht, die man einem epischen Gesellschaftsroman allein wohl in dieser Form versagt hätte.

Internationale Presse ist an nicht wenigen der kleinen, achteckigen, grünen Zeitschriftenkioske erhältlich, deren Ständer oft schwer an der Fülle portugiesischer Zeitungen zu tragen haben. Auch wenn sie mit ihren zumeist betagten Verkäuferinnen und Verkäufern immer noch ein Wahrzeichen Lissabons sind, werden sie im Zuge der Modernisierung zunehmend durch viereckige Betonklötze ersetzt. Ein Umstand, der es schwer vorstellbar macht, mit welchen unwiderstehlichen Angeboten der Nachwuchs für diesen aussterbenden Berufsstand unter den ausgehverrückten jungen Portugiesen gesichert werden soll.

Ausgehen

Das Leben ist eine experimentelle Reise,
die unfreiwillig unternommen wird.

Fernando Pessoa

In Portugal geht man dann aus, wenn alle vernünftigen Menschen nach Hause gehen. Wie die Zeit bis zum Ausgehen totgeschlagen werden kann, ist bereits gesagt worden: Fernsehen, Fußball oder Fado. Derart berauscht, fragt man sich, was jetzt noch an Höhepunkten kommen mag. Wer nicht in der Provinz in leeren Kneipen mit wenig einladenden Namen wie *Aqui há rato*, »Hier gibt's Ratten«, landen will, ist gut beraten, seinen Abend entweder in Lissabon, Porto oder sogar an der

Küstenstraße der Algarve in den Stunden nach Mitternacht zu beginnen. Namen überhaupt. In Porto gibt es beispielsweise einen Nachtklub mit dem linguistisch anspruchsvollen Zungenbrecher »O meu mercedes é maior que o teu«. Was auf Deutsch nicht weniger heißt als: Mein Mercedes ist größer als Deiner. Was sich dank der mehr als katastrophalen Parkplatzsituation im Ausgehviertel, das am Fluß, unten, im Schatten der imposanten Eisenbrücke Dom Luis I des Eiffel-Schülers Teófilo Seyrig liegt, auch problemlos beweisen läßt.

Die in dieser Hinsicht weitaus folgenschwerste Invasion in der Geschichte Portugals ist und bleibt die komplette Eroberung der Algarve durch die Engländer. Jene Sonderform der »British-Rock-Invasion«, sonst nur mit der Enklavisierung Mallorcas durch die ähnlich expansiven Deutschen zu vergleichen, ermöglichte in den neunziger Jahren auch den schnellen Transfer von House Music, synthetischen Drogen und 48-Stunden-Raves. Schon viel früher waren es die Pubs, das Guinness und von krebsroten Ausländern dargebotene Karaoke-Abende. Da die Portugiesen selbst mit den letzteren Optionen nicht viel anfangen konnten, dachte die Szene um. Nur so ist es zu verstehen, daß die vollsten Bars der Algarve zumeist von Ausländern geführt werden. Daheim in Köln oder Blackpool schaute man sich das DJ-Prinzip ab und kam mit neuen Clubideen an die Algarve zurück. Die sonderbare Spezies dieser Gastronomen kann man nicht unbedingt als Sympathieträger bezeichnen.

Fast immer handelt es sich um sogenannte Halbaussteiger. Ihr Name besagt, daß sie sich nicht ganz dazu durchringen konnten, ihren kompletten Rückzug aus der Zivilisation auf einem versteckten Waldgrundstück in Angriff zu nehmen. Also nicht die vertrauten Argumente wie »Hier wächst alles, was du brauchst, direkt vor der Tür« oder »Die Ureinwohner sind eigentlich echt superfreundlich; mit dem blöden Glotzen, das meinen die nicht so« und ähnliche Schönredeversuche eines mißlungenen Integrationsversuchs.

Vielmehr haben sie es nicht darauf abgesehen, von Selbstangebautem zu leben, sondern wollen, im Gegensatz zu ihren kapitalistischen Spießer-Landsleuten im kalten Norden, hier in der Wärme mit Einheimischen und Touristen ihr großes Geschäft machen, um sich ein paar Jahre später endgültig in irgendeinem Steuerparadies zur Ruhe zu setzen. Der Wertekatalog an positiven Charaktereigenschaften, den Menschen in so einem Beruf noch bei sich tragen wie eine letzte Drucksache der heimatlichen Zivilisation, ist nicht sehr umfangreich.

Einmal saßen wir, ohne es zu wissen, in der Bar

eines solchen Halbaussteigers in Lagos. Wir waren dort hineingeraten, obwohl die Flyer-Verteiler vor der Lokalität uns auch beim dritten Vorbeilaufen konsequent ignoriert und statt dessen gelangweilt entlangschlendernden einheimischen Schülerinnen die handgeschriebenen Zettel überreicht hatten. Obwohl die Verteiler aussahen, als ob sie sich nach der Arbeit noch für einen Kung-Fu-Film casten lassen wollten, war die Musik, die aus der Bar dröhnte, angenehm baßlastig. Drinnen war Hochbetrieb, das fast ausschließlich portugiesische Publikum schien sich zu amüsieren. Das Thekenpersonal kam mit der Zubereitung der Drinks kaum nach, so daß ein älterer Mann, offenbar der Besitzer, kräftig beim Einschenken half. Dennoch bekamen wir einen Sitzplatz direkt an der Bar und wurden von unten, der Besitzer schloß gerade ein neues Faß *Superbock*-Bier an, mit einem fröhlichen »Hallöchen!« begrüßt.

Einige Drinks später waren wir im Bilde. Matthias, sein Name stand auf einem Holzbötchen eingraviert, das wohl einmal dem Spendensammeln der Deutschen Gesellschaft zur Rettung Schiffbrüchiger gedient hatte, kam gar nicht mehr raus aus dem Schwärmen: »Du, das ist so toll hier an der Algarve. Jede Nacht neue Leute, tolle Parties bis zum Morgengrauen, und dann mit frischen Hörnchen zum Sonnenaufgang an den Strand.

Später Surfen gehen. Wann ich zum Schlafen komme, weiß ich auch nicht.« Als wir den schon etwas starr blickenden Padrone nach einem Tip für später fragten, wurde er plötzlich betont geheimnisvoll. Er beugte sich mit seinem verschwitzten Gesicht über den Tresen hinüber und flüsterte im typischen Halbaussteiger-Jargon in mein Ohr: »Ich weiß noch, wo es hier heute abgeht. Das ist aber privat. Da müßt ihr echt auf mich warten, das kann ich nicht verraten.« Also zahlten wir, riefen »Bis später, Matthias« und gingen schnurstracks in unser Hotel zurück.

Wenige Minuten später saßen wir im Zimmer und sinnierten über Großraumdiskotheken und die Unmöglichkeit, an der Algarve auszugehen. Der Irrtum lag darin, anzunehmen, das Nachtleben hier würde sich in irgendeiner Form von Ibiza, Mykonos oder Rimini unterscheiden. Es blieben also doch nur Lissabon und Porto.

Die Angewohnheit der Portugiesen, während eines Ausgehabends, ähnlich wie die Spanier, nie länger als für ein oder zwei Getränke in einer Bar zu verweilen, macht das Ausgehen zu einer anstrengenden Unternehmung. Die oftmals Besitzer und Dekoration wechselnden Etablissements erleben eine kurze Blüte, wenn der Troß der jungen Leute sie zum trendigen Aufenthaltsort erklärt, sind dann aber oft ebenso schnell vergessen. Eine

Ausnahme hiervon stellen die Tanzbar *Swing* in Porto und das gesamte traditionelle Ausgehviertel *Bairro Alto* in Lissabon dar. Wer hier ein paar Jahre nicht vorbeigeschaut hat, wird nichtsdestotrotz immer noch die gleichen alten Institutionen des Nachtlebens vorfinden. Die Groove-Bar der Drei kleinen Hirten etwa, *Os três pastorinhos*, nach dem graphischen Bild der Hausnummer in der *Rua da Atalaia 111* und dem Fátima-Geschehen benannt, halten die Stellung, wie auch der legendäre Achtziger-Jahre-Disko-Tempel *Frágil* um die Ecke und der gediegene Cocktail-Club *Pavilhão Chinês*.

Mit der Aufbruchsstimmung der letzten Jahre sind in Lissabon aber auch neue Modalitäten hinzugekommen. Etwa eine Buchhandlung ganz in der Nähe, die bis spät in die Nacht hinein ihr Avantgarde-Sortiment an Kunst, Architektur, zeitgenössischer Literatur und internationalen Büchern für Intellektuelle und verirrte Partygänger offenhält, die dort auch Tee oder Kaffee bekommen können, während sie in den Büchern herumstöbern. Auch sieht man ab und zu nach unrasierten Nachwuchsautoren aussehende Portugiesen, die zu fortgeschrittener Stunde mit Freunden diskutieren. Selbst Modefreaks können ihrer Leidenschaft bis weit über die üblichen Ladenschlußzeiten hinaus nachgehen. Fátima Lopes, die Modediva, hat hierfür ihren Laden in der *Rua da*

Atalaia einfach zum kombinierten Diskotheken-kaufhaus umgebaut, das sich im Verlauf der Nacht zum Treffpunkt von sonst nie gesehenen Paradies-vögeln verwandelt, die nach absolviertem Tanz-marathon gerne auf einen Impulskauf in den nächsten Raum wechseln und umgekehrt. Die sprichwörtliche Freundlichkeit der Portugiesen läßt sich in diesem Viertel auch nachts beobachten, zusammen mit den verblüffenden Nebeneffekten, die mit ihr einhergehen.

In der gemütlichen Rare-Groove-Höhle *Capela* stand ich eines frühen Abends an der Bar und beobachtete den DJ, ein freundliches Mondgesicht mit Vollbart, bei der Arbeit am Plattenspieler direkt neben dem Eingang. Der Freund deutscher Frühelektronik der siebziger Jahre trug ein Can-T-Shirt und präsentierte einen interessanten Mix aus minimalistischer Musik. Als ich ein famoses Stück von *Stereolab* mit dem Namen »Blaue Milch« erkannte, sprach ich ihn auf die Schönheit der Tonfolge an und geriet sofort in eine angeregte Debatte über ein Berliner Kleinstlabel, bei dem die Platte erschienen war.

Die Vertrautheit des Gesprächs schien mir auf gegenseitige Sympathie hinzudeuten, wurde je-doch jäh unterbrochen, als wir uns gerade bei der Einschätzung eines anderen Künstlers des gleichen Labels nicht einigen konnten. Plötzlich fand er eine gesuchte Platte nicht, Freunde von ihm kamen vorbei, um ihm eine Single zu schenken, und obwohl unser Gespräch sich, was den Ton anbelangt, nicht im geringsten verändert hatte, redete er kein Wort mehr mit mir. Zuerst führte ich das Verhalten auf die berufsspezifische Arroganz des Diskjockeys zurück, konnte mir dann aber wiederum nicht die vorausgegangene Freundlichkeit erklären. Also trank ich mein Bier, *uma imperial*, aus und wollte schon grußlos gehen, als mich der DJ wieder grinsend anschaute und sich bis zum nächsten Mal, *até à próxima*, verabschiedete.

Auf eine Erklärung für dieses Verhalten angesprochen, versicherte mir meine Begleiterin, es handele sich um ein völlig normales Verhalten in Portugal. Die Aufmerksamkeit meines neuen Freundes sei wohl von vielen anderen Dingen in Anspruch genommen worden und das Gespräch sozusagen in einer Endlos-Warteschleife geparkt. Beim nächsten Besuch, so versprach sie mir, würde er mich wohl begrüßen wie einen alten Freund.

Wie grundlegend sich dieses Verhalten von den Türstehern einer Diskothek unterschied, mußte ich an einem anderen Abend erfahren. Unterwegs mit ein paar portugiesischen Freunden im wenig einladenden Feriendisco-Komplex der *Docas* unten am Tejo, unterbrach ich den Abend an der lärmigen Rummelmeile kurz, um an einem Geldautomaten meine Brieftasche aufzufüllen. Für eine halbe Stunde später hatten wir uns in einem Trendclub Lissabons mit dem überwältigenden Namen *Kapital* verabredet. Es war ein ganz normaler Donnerstag, nichts Besonderes, wie ich dachte. Doch bereits die unzähligen verschiedenen Schlangen um den Eingang an der *Avenida 24 de Julho* kamen mir verdächtig vor.

Während der folgenden halben Stunde in einer der Schlangen hatte ich ausgiebig Gelegenheit, mich mit dem Gebaren der Türsteher vertraut zu machen. Der Chefeinweiser in Jeans und Sweatshirt trug ein Headphone-Set, mit dem er cool von einem seiner Untergebenen zum nächsten lief, mal hier ein hübsches Mädchen durchwinkte, mal da einen Mittvierziger mit zurückgegelten Haaren im Navy-Sakko mit Zigarre im Mund freundschaftlich mit Umarmung und Schulterklopfen begrüßte und in den Trubel hinter der Tür entließ. Die fünf, sechs durchtrainierten Türsteher trugen alle schwarze Anzüge, weiße Hemden mit Fliege, als wäre das hier St. Tropez oder Cannes während der Filmfestspiele und nicht Lissabon im Oktober, Donnerstagnacht um zwei Uhr.

Als ich endlich an der Reihe war, fragte mich einer der Herren in tadellosem Portugiesisch nach meiner Membership-Card. Ich ahnte bereits, was das wohl bedeuten würde. Durften die anderen Großgrundbesitzersöhne und -töchter im College-Chic brav ihre zwanzig, dreißig Euro Eintritt zahlen, war mein Unterfangen als aussichtslos besiegelt worden. Die üblichen Phrasen der guten Freunde, die schon drin waren, hätte ich mir prinzipiell sparen können, versuchte aber dennoch mein Glück und schrie, da bereits vor der Tür die Musik erstaunlich laut war, einige der Namen meiner Freundinnen und Freunde zu dem Chef hinüber, der aber nur achselzuckend beteuerte, so gewöhnliche Namen wie Natascha und Maurizio gäbe es hier so viele, er wüßte bestimmt nicht, wen ich meinen könnte.

Auf der Heimfahrt ins Hotel überlegte ich vergebens, warum mir wohl in dieser sternenklaren Nacht der Eintritt in dieses Märchenland verweigert worden war. Und während der singende Lärm in meinem Ohr leiser wurde, mußte ich an die dämpfende Wirkung von Kork denken, denn durch die nachlassende Ohrenbetäubung kam es mir vor, als würde ich in einem Korkauto am Tejo entlang fahren.

Kork, so muß man wissen, ist eine der großen Rohstoffressourcen Portugals. Die weiten Ebenen des Alentejo stehen voll mit Korkeichen. Es dauert zwischen zwanzig und dreißig Jahren, bis ein gepflanzter Baum seinen ersten Ertrag abwirft. So hat der Anbau von Kork viel mit der Hege und Pflege eines Jahrgangs-Portweins gemein, dem er zudem noch den adäquaten Verschluß liefert. Die behutsame Schälung der Stämme hat dafür Sorge zu tragen, daß untere Lagen keinen Schaden nehmen.

Gewiß verhalfen die portugiesischen Bäume auch dem Romancier Marcel Proust zu seinem komplett mit Kork abgedämmten Schlaf- und Arbeitszimmer und trugen so maßgeblich zur Entstehung seines großen Werkes bei, das »Auf der Suche nach der verlorenen Zeit« von der Erinnerung erzählt. Der Kork ist so nicht zuletzt eine Mahnung des erinnerungssüchtigen Portugals und seines allmächtigen »Es war einmal« an den Reisenden: Er soll schreiben, etwas davon festhalten, um es für spätere Generationen zu bewahren.

Davon erzählen auch die größten Werke der portugiesischen Literatur immer wieder. Ob es das mythische Aufbruchsbuch der »Lusiaden« von Camões ist oder auch die portugiesischen Buddenbrooks, die »Maias« von Eça de Queiroz, die mannigfaltigen Beschwörungen der Kindheit in Pessoas »Buch der Unruhe« oder der erinnerungssüchtige Roman »Die natürliche Ordnung der Dinge« des Angola-Veteranen und Psychiaters António Lobo Antunes oder auch die Bücher des Nobelpreisträgers José Saramago. Immer wird Zeugnis davon gegeben, mit welcher Macht die Vergangenheit den Menschen gefangenhält.

So unterschiedlich sie im Stil sind, so haben sie doch eines gemeinsam: eine unglaublich präzise Erzählsprache, deren Pathos sich auch auf das kleinste Detail des Alltags erstreckt. Wer knapp bei Kasse ist, kann daher seine erste Reise nach Portugal problemlos mit der Literatur unternehmen. Für die erwähnten Werke scheint zu gelten, was der junge Vladimir Nabokov in einer seiner Erzählungen wie folgt formuliert:

»Mir scheint, daß der Sinn der schöpferischen Tätigkeit eines Schriftstellers darin besteht, alltägliche Dinge so zu schildern, wie sie sich in den freundlichen Spiegeln künftiger Zeiten zeigen werden, in ihnen die duftige Zartheit aufzuspüren, die erst unsere Nachkommen in jenen fernen Tagen empfinden werden, wenn jede Kleinigkeit unseres gegenwärtigen Alltags schon an sich so schön und festlich sein wird, in jenen Tagen, wenn einer, der das einfachste heutige Jackett anzieht, bereits für den feinsten Kostümball herausgeputzt ist.«

So fuhr ich in meinem Korkauto am Tejo entlang und fragte mich, warum ich in den Kostümball der Diskothek *Kapital* keinen Einlaß gefunden hatte. Die Antwort war sehr einfach und stand im Reiseführer: »A man on his own has no chance.«

Bereits erschienen:

Gebrauchsanweisung für ...

Alaska
von Dirk Rohrbach

die Alpen
von Bene Benedikt

Amerika
von Paul Watzlawick

Amsterdam
von Siggi Weidemann

Andalusien
von Paul Ingendaay

Apulien und die Basilikata
von Maria Carmen Morese

Argentinien
von Christian Thiele

Australien
von Joscha Remus

das Baltikum
von Sabine Herre

Barcelona
von Merten Worthmann

Bayern
von Bruno Jonas

Berlin
von Jakob Hein

Brasilien
von Peter Burghardt

die Bretagne
von Jochen Schmidt

Brüssel und Flandern
von Siggi Weidemann

Budapest und Ungarn
von Viktor Iro

Burgenland
**von Andreas Weinek
und Martin Weinek**

Burma / Myanmar
von Martin Schacht

China
von Kai Strittmatter

Deutschland
von Wolfgang Koydl

Dresden
von Christine von Brühl

Dubai und die Emirate
von Felicia Englmann

Düsseldorf
von Harald Hordych

die Eifel
von Jacques Berndorf

England
von Heinz Ohff

Finnland
von Roman Schatz

Frankfurt am Main
von Constanze Kleis

Frankreich
von Johannes Willms

den Gardasee
von Rainer Stephan

Griechenland
von Martin Pristl

Hamburg
von Stefan Beuse

den Harz
von Jana Thiele

Indien
von Ilija Trojanow

Irland
von Ralf Sotscheck

Island
von Kristof Magnusson

Istanbul
von Kai Strittmatter

01/0001/15/L

Italien
von Henning Klüver

Japan
von Andreas Neuenkirchen

Kalifornien
von Heinrich Wefing

Kapstadt und Südafrika
von Elke Naters und Sven Lager

Katalonien
von Michael Ebmeyer

Kathmandu und Nepal
von Christian Kracht und Eckhart Nickel

Köln
von Reinhold Neven Du Mont

Korsika
von Jenny Hoch

Kroatien
von Jagoda Marinić

Leipzig
von Bernd-Lutz Lange

London
von Ronald Reng

Los Angeles
von Rainer Strecker

Mailand mit Lombardei
von Henning Klüver

Mallorca
von Wolfram Bickerich

Mecklenburg-Vorpommern und die Ostseebäder
von Ariane Grundies

Moskau
von Matthias Schepp

München
von Thomas Grasberger

das Münchner Oktoberfest
von Bruno Jonas

Münster und das Münsterland
von Jürgen Kehrer

Neapel und die Amalfi-Küste
von Maria Carmen Morese

Neuseeland
von Joscha Remus

New York
von Verena Lueken

Niederbayern
von Teja Fiedler

Nizza und die Côte d'Azur
von Jens Rosteck

Norwegen
von Ebba D. Drolshagen

Österreich
von Heinrich Steinfest

Paris
von Stephen Clarke

Peking und Shanghai
von Adrian Geiges

Peru
von Ulrike Fokken

Polen
von Radek Knapp

Portugal
von Eckhart Nickel

Potsdam und Brandenburg
von Antje Rávic Strubel

Rom
von Birgit Schönau

01/0002/15/R

Rügen und Hiddensee
von Holger Teschke

das Ruhrgebiet
von Peter Erik Hillenbach

Rumänien
von Jochen Schmidt

Salzburg und
das Salzburger Land
von Adrian Seidelbast

Sardinien
von Henning Klüver

Schottland
von Heinz Ohff

Schwaben
von Anton Hunger

den Schwarzwald
von Jens Schäfer

Schweden
von Antje Rávic Strubel

die Schweiz
von Thomas Küng

Sizilien mit den
Liparischen Inseln
von Constanze Neumann

Spanien
von Paul Ingendaay

Stuttgart
von Elisabeth Kabatek

Südfrankreich
von Birgit Vanderbeke

Südtirol
von Reinhold Messner

Sylt
von Silke von Bremen

Thailand
von Martin Schacht

Thüringen
von Ulf Annel

Tibet
von Uli Franz

die Toskana
von Barbara Bronnen

Tschechien und Prag
von Jiří Gruša

die Türkei
von Iris Alanyali

Umbrien
von Patricia Clough

die USA
von Adriano Sack

den Vatikan
von Rainer Stephan

Venedig mit Palladio und
den Brenta-Villen
von Dorette Deutsch

Vietnam, Laos
und Kambodscha
von Benjamin Prüfer

Washington
**von Tom Buhrow
und Sabine Stamer**

die Welt
von Andreas Altmann

Wien
von Monika Czernin

und außerdem für ...

den FC Bayern
von Helmut Krausser

die Formel 1
von Jürgen Roth

01/0003/15/L

PIPER

Christian Kracht, Eckhart Nickel

Gebrauchsanweisung für Kathmandu und Nepal

Wer mit Christian Kracht und Eckhart Nickel nach Nepal reist, wird zum Zeitzeugen und Zivilisationsforscher zugleich. Er ist mit den beiden vor Ort, als der letzte König mit einem Coup d'État die Macht ergreift – und kurz darauf die Monarchie ihr Ende findet. Der Leser erlebt die Reinkarnation Buddhas unter dem Geburtsbaum des Gottes. Trinkt Tee mit dem maoistischen Premierminister Prachanda. Erfährt, wie der Alltag berühmter Hippies in der Freak Street aussah, warum mit Barney Kessel der Jazz nach Kathmandu kam und was man heute braucht, um preiswert eine eigene Fluglinie zu gründen. Warum man einmal im Jahr das Annapurna-Massiv umrunden und zur heiligen Quelle von Muktinath pilgern sollte und wie der Geist von Hermann Hesse in Nepal fortlebt. Namaste!

01/1792/02/R

PIPER

Paul Ingendaay

Gebrauchsanweisung für Spanien

Eigentlich besteht Spanien aus vielen verschiedenen Spanien. Es spricht vier Sprachen, besitzt ungezählte Mentalitäten, liebt seine alte Schönheit und feiert die Moderne. Spanien ist unbegreiflich und kann nur über seine Geschichten erklärt werden: Sie handeln von Großzügigkeit und dunklen Erinnerungen, von Fußballlegenden und spanischen Brückentagen. Und natürlich muss auch von Stierkämpfen die Rede sein, vom Erbe der Franco-Zeit und spanischen Persönlichkeiten, von großen Malern und kleinen Tapas. Ebenso wie Paul Ingendaay werden Sie verzaubert sein von einem Spanien, das anders ist als das, was wir immer für Spanisch gehalten haben.

01/1059/03/R

PIPER

Michael Ebmeyer

Gebrauchsanweisung für Katalonien

Katalonien ist berühmt: für Dalí und Miró, für die Häuser von Gaudí, die Krimis von Montalbán und die Schwarze Madonna von Montserrat. Für kleine Gießkannen, aus denen man Wein trinkt, für zehnstöckige Menschenpyramiden und eine unerschöpfliche Fülle seltsamer Anekdoten. Für sein Unabhängigkeitsstreben, für die katalanische Sprache und für den Widerstand gegen Franco. Für die Costa Brava und die Pyrenäen, für zauberhafte Küstenorte und bizarre Felsmassive – und natürlich für Barcelona, das verspielte Fabelwesen unter den europäischen Metropolen. In Katalonien wurden die Espadrilles und die Crème Brûlée erfunden; hier hat der Welttag des Buches seinen Ursprung und eine köstliche Salami namens »Peitsche« ihre Heimat. Einst ein eigener mächtiger Mittelmeerstaat, dann zwischen Spanien und Frankreich aufgeteilt, ist das nordöstlichste Dreieck der Iberischen Halbinsel ein besonders saftiges, aber schwer durchschaubares Stück vom Paradies. Dieses Buch führt Sie mitten hinein.

01/1632/01/R